Für Arne und Jan Hauke,
die kulinarischen Entdeckungen gegenüber immer aufgeschlossen sind.
Durian in Bangkok bleibt unvergessen!

Elisabeth Lücke

Frankfurter Genussgeschichten

500 Jahre Ess- und Trinkkultur

SUTTON HEIMAT

Inhalt

Inhalt

„Essen ist ein Bedürfnis, Genießen ist eine Kunst."

François de La Rochefoucauld

Einleitung

Wie heißt es im Volksmund so schön: „Essen und Trinken hält Leib und Seele zusammen.“ Dass Essen mehr als reine Nahrungsaufnahme bedeutet, ist allgemein bekannt; Essen hat mit Genuss zu tun, ganz gleich, ob es sich dabei um einen einfachen Imbiss oder ein Festmahl mit mehreren Gängen handelt.

Je nach Region entwickelten sich über die Jahrhunderte hinweg unterschiedliche Speisen und Spezialitäten, so auch in Frankfurt, einer Stadt, die früh für exzellente Hotellerie und Gastronomie bekannt war, was dazu führte, dass sie gelegentlich als „Universität der Kellner“ oder „Hochschule der Gastronomie“ bezeichnet wurde.

Zu den frühen kulinarischen Herausforderungen gehörte natürlich die Beköstigung der Gäste anlässlich einer Kaiserkrönung in Frankfurt. Während im Kaisersaal herrschaftlich getafelt wurde, gab es auf dem Römerberg eine Ochsenküche, deren vier Pfosten heute vor der Alten Nikolaikirche durch Pflastersteine mit den Buchstaben „OK“ auszumachen sind. Ein Rezept aus dem Jahr 1612 vermittelt uns einen Eindruck von der Zubereitung: „Der Ochs ward gebraten ganz und gar … Im Bauch des Ochsen füllt man eyn, gantz Kelber, Hammel, junges Schwein, vom Wildpret, wie das ganz genannt, man alles in disem Ochsen fandt.“ Der Erztruchsess holte das erste Stück Fleisch ab, um es dem neu gekrönten Kaiser in den Kaisersaal zu bringen. Anschließend wurde die Ochsenküche gestürmt und es kam zu tumultartigen Szenen. In Goethes Autobiografie „Dichtung und Wahrheit“ gibt es eine eindrucksvolle Beschreibung: „Um den gebratenen Ochsen aber wurde diesmal wie sonst ein ernsterer Kampf geführt. Man konnte sich denselben nur in Masse streitig machen. Zwei Innungen, die Metzger und Weinschröter, hatten sich hergebrachtermaßen wieder so postiert, dass einer von beiden dieser ungeheure Braten zuteil werden musste.“ Nicht selten gab es Verletzte und sogar Tote bei diesem Gerangel.

Heute bleiben in der international geprägten Stadt Frankfurt kaum kulinarische Wünsche offen; die Küche der Welt ist hier zu Hause. Dieses Buch soll dem Leser einen Einblick in kulinarische Aspekte geben. Es handelt sich dabei nicht um einen Restaurantführer – davon gibt es schon sehr viele und gute –, vielmehr soll Interessantes rund um das Thema „Essen und Trinken in Frankfurt“ aufgegriffen sowie die eine oder andere Geschichte am Rande dazu erzählt werden. Wenn man das Goethe-Haus aufsucht und die Küche betrachtet, drängt sich die Frage auf, was hier wohl auf den

Tisch kam. In Goethes Autobiografie gibt es genaue Ausführungen dazu, ferner erfährt man, dass er die Produkte der Metzgerschirnen so sehr schätzte, dass er sie sich jahrelang von seiner Mutter, später auch von seiner Freundin Marianne von Willemer, nach Weimar nachschicken ließ. Feinschmecker trafen sich in der Goethezeit im Hotel „Weidenhof", in dem Goethes Großeltern „Gasthalter" waren; ebenfalls auf der Zeil lag das Hotel „Römischer Kaiser" (Zeil/Ecke Schäfergasse), in dem Kaiserin Maria Theresia und ihr Sohn Joseph II. logierten und speisten.

Goethe wird noch die „Hockinnen" gekannt haben, Klein- und Kleinstgewerbetreibende, die neben ihren Waren hockten und sie unter freiem Himmel verkauften, weil sie nicht über genügend Geld verfügten, um eine „Kräme" anzumieten. Als die Hygieneanforderungen stiegen und die Anzahl der Einwohner zunahm, wurde 1879 auf dem Gelände zwischen der Hasen- und der Fahrgasse eine hochmoderne Markthalle errichtet: die Kleinmarkthalle, eine Einrichtung, die am neuen Standort Besucher aus dem gesamten Rhein-Main-Gebiet magisch anzieht, weil es hier nicht nur Produkte aus der Region, sondern aus der ganzen Welt gibt – ein Paradies für Feinschmecker!

Bis 2002 versorgten sich Einzelhändler mit Obst und Gemüse in der Großmarkthalle, einem imposanten Bau aus den 1920er-Jahren von Martin Elsässer. Der Architekt hat sich eher im Kirchenbau einen Namen gemacht, weshalb die Frankfurter die Großmarkthalle liebevoll „Gemieskirch" nannten. Heute bekommen die Händler ihre Waren im Frischezentrum in Kalbach, das technisch zwar auf dem neuesten Stand ist, aber nicht den Charme der Großmarkthalle bieten kann.

Zum kulinarischen Erleben gehören natürlich auch Unternehmen, die für die Herstellung der erlesenen Speisen zuständig sind; namhafte Firmen sind in Frankfurt vertreten oder haben hier ihren Ursprung, von wo aus sie sich einen Namen auf internationaler Ebene erarbeitet haben. Weltbekannt ist nicht nur die Firma Lacroix, die ihre Wurzeln in Sachsenhausen und Niederrad hat. Eugen Lacroix war der Gründer der Firma zur „Herstellung erlesener Delikatessen und feiner Conserven", der späteren „Conservenfabrik Eugen L. KG". Wenngleich die legendäre Schildkrötensuppe nicht mehr hergestellt wird, stehen andere Suppen, Pasteten und Fonds bei Profi- wie bei Hobbyköchen noch heute hoch im Kurs. Auch Heinrich Nestle, der 1814 in der Töngesgasse geboren wurde, schuf eine Firma von Weltruf. Das Unternehmen Nestlé gehört zu den größten Lebensmittelkonzernen der Welt und hat seinen deutschen Hauptsitz in Niederrad. Bei Wurstliebhabern lässt der Name „Gref-Völsing" die Herzen höherschlagen, stellen sie doch die beliebte Rindswurst her, die schon 1905 auf der Kochkunstausstellung in Frankfurt und drei Jahre später in Wien mit der Goldmedaille ausgezeichnet wurde. Heute wachen zwei Schwestern der Familie in der vierten Generation über die Herstellung der Frankfurter Spezialität mit ihrem unverwechselbaren Geschmack.

Einem Sprichwort aus Asien zufolge trinkt man Tee, um den Lärm der Welt zu vergessen. Die Frankfurter können diesem Bedürfnis leicht nachgeben, sie haben schließlich ein traditionsreiches Teehaus direkt vor der Haustür: Das „Teehaus Ronnefeldt" wurde 1823 in Frankfurt gegründet und hat seinen Sitz in Bockenheim, von wo der Vertrieb organisiert wird. Das Unternehmen, das auch in China und Japan vertreten ist, produziert über 300 Sorten, zu seinen Großabnehmern gehören viele Hotels.

Auch Kaffeetrinker kommen in Frankfurt auf ihre Kosten. Zu den traditionsreichsten Einrichtungen gehört das von Luise Wacker gegründete Unternehmen. Die junge Frau aus der Umgebung von Heilbronn bewies Unternehmergeist, als sie 1914 ein Feinkostgeschäft mit eigener Kaffeerösterei eröffnete. Heute besitzt das „Wacker's Kaffee" Kultstatus und wird in der vierten Generation betrieben. Etwas jünger, aber ebenfalls traditionsreich ist das „Café Laumer", in dem sich Vertreter der Frankfurter Schule trafen. In den 1950er-Jahren verkehrte hier während seines Jurastudiums auch Altbundeskanzler Helmut Kohl. Das legendäre „Eis-Café Wipra" begeisterte in den 1960er-Jahren seine Besucher, denn im Gastraum gab es neben Aquarien auch Volieren mit Papageien und Käfige mit Affen. Das Café gehört mittlerweile der Vergangenheit an. 2003 bewiesen zwei Frauen Pioniergeist und Durchsetzungsvermögen, als sie die Chocolaterie „Bitter & Zart" eröffneten, an die heute ein Café angeschlossen ist. Die Gründerinnen wurden inzwischen mit dem Gründerpreis ausgezeichnet.

Doch nicht nur Kaffee, Tee und Süßes finden Abnehmer, auch Deftiges hat die Frankfurter Küche zu bieten. Frankfurter Würstchen genießen Weltruf und haben eine lange Tradition. Im Mittelalter findet sich – unter der Bezeichnung „Bratwurst" – ihre erste Erwähnung. Heute handelt es sich bei dieser Spezialität um eine Brühwurst aus Schweinefleisch im Saitling mit rauchigem Aroma. Nicht minder schmackhaft ist die Zeppelinwurst, die ein findiger Metzger im Zuge der Begeisterung für die Luftschiffe des Grafen Zeppelin herstellte. Wenn man heute diese Leberwurst mit zerstoßenen Gewürzen erwirbt, erhält man eine kleine Informationsschrift zur Entstehung der Wurst dazu. Liebhaber der deftigen Küche schätzen auch den Handkäs mit Musik, ein Sauermilchkäse, der in abgewandelter Form auch in Niedersachsen, Westfalen oder Schlesien genossen wird. Wer sich für die leichte Küche begeistert, wird die „Grie Soß" mögen, die zu so etwas wie einem Nationalgericht avanciert ist, sodass die Frankfurter ihr nicht nur ein Denkmal gewidmet haben, sondern auch regelmäßig ein Festival veranstalten, bei dem der beste Koch dieser Speise gekürt wird.

Wie hat Woody Allen einmal gesagt: „Der Mensch lebt nicht nur vom Brot allein, nach einer Weile braucht er auch einen Drink." Von Weinanbaugebieten umgeben, sprach man natürlich dem Rebensaft zu. Es hieß, eine Zeit lang habe es in Frankfurt mehr Wein in den Kellern der Privathäuser als Wasser in öffentlichen Brunnen gegeben. Im Zuge von Klimaveränderungen und aufgrund von Schädigungen durch die Reblaus avancierte Äppelwoi zum beliebten Getränk. Wein wird jedoch nach wie vor hier getrunken, die Stadt ist schließlich im Besitz eigener Weingüter am Lohrberg und in Hochheim. Der Sachsenhäuser Berg dagegen war eine wichtige Adresse für Bierfreunde, gekühlt durch Eis lagerte hier der Gerstensaft. Noch heute wird der Name „Frankfurt" mit den Brauereien Binding und Henninger verbunden. Getränke kann man nicht nur in Gaststätten zu sich nehmen, sondern auch an den Wasserhäuschen, kleine Kioske, die ursprünglich in der Nähe von Fabriktoren entstanden, damit die Arbeiter dort Mineralwasser kaufen konnten. Heute hat sich die Produktpalette erheblich erweitert. Neben Getränken gibt es Süßwaren in der „gemischten Tüte", manchmal auch Kuchen und fair gehandelten Kaffee. Die „Büdchenkultur" ist untrennbar mit Frankfurt verbunden. Regelmäßig wird entschieden, welches Wasserhäuschen das beliebteste ist.

Zu den einzelnen Jahreszeiten gehören unterschiedliche Speisen. Etwas Besonderes stellt natürlich die Weihnachtszeit dar, die in Frankfurt auch kulinarisch einiges zu bieten hat. Neben dem typischen Weihnachtsessen „Kartoffelsalat mit Würstchen" – Understatement pur – gab es den „Welschen Hahn" (Geflügel), der in vielen Familien am ersten Feiertag gereicht wurde.

Frankfurter Bäcker und Konditoren sind gegen Ende des Jahres besonders gefordert, denn nicht jede Hausfrau backt Brenten, Bethmännchen oder Stutzweck, ein spezielles Gebäck zum Jahreswechsel, selbst. Konditoreien und der Weihnachtsmarkt bieten sich dann als Einkaufsmöglichkeiten an.

Seit November 2015 ist es in Frankfurt wieder möglich, sich in einem Museum über Tafelfreuden zu informieren. Das Deutsche Museum für Kochkunst und Tafelkultur knüpft an das Frankfurter Kochkunstmuseum an, das 1909 vom Kaufmann Matthias Carl Banzer gegründet wurde und seinen Sitz am Untermainkai hatte. Im Zweiten Weltkrieg ging diese Sammlung verloren. Der Verein zur Förderung der Tafelkultur hat es sich zur Aufgabe gemacht, wieder einen Ort zu schaffen, an dem man sich mit diesem Thema auseinandersetzen kann. In dem Museum gibt es heute nicht nur Menükarten, Kochbücher oder Gerätschaften zu sehen, es werden in wechselnden Ausstellungen auch Spezialitäten in ihrem historischen Kontext erläutert.

Auch die Höchster Porzellan-Manufaktur, immerhin die drittälteste Europas, soll in diesem Zusammenhang nicht unerwähnt bleiben, bietet sie doch mit ihren Produkten die Möglichkeit, die Leckereien ansprechend zu präsentieren.

Nicht vergessen werden sollte zudem der Ort, an dem die Köstlichkeiten entstehen: die Küche. Da kann Frankfurt mit einer Besonderheit aufwarten: der Frankfurter Küche von Margarete Schütte-Lihotzky, einer der bekanntesten Architektinnen des 20. Jahrhunderts, die den Vorläufer unserer modernen Einbauküchen entwarf.

Dieses Buch soll den Lesern einen Einblick in das kulinarische Leben in Frankfurt geben, wobei die Auswahl natürlich keinen Anspruch auf Vollständigkeit erhebt.

Schirnen

Die Fleisch-Schirnen gehören zu den Sehenswürdigkeiten Frankfurts … Sie nehmen zwei alte Gassen ein. Noch nie habe ich so großartige Haufen von frischem Fleisch und darüber hingeneigt so alte und schwarze Häuser gesehen. … Blutbefleckte Metzger und rosige Metzgerinnen schwatzen anmutig unter Girlanden von Schöpsenkeulen. Ein Bach, dessen blutrote Farbe nicht einmal durch zwei fließende Brunnen gemildert werden kann, rinnt dampfend mitten auf der Straße. … Über dem Ganzen hing an einem Haken ein wunderbares, großartiges Aushängeschild, über und über vergoldet … mit allen Emblemen der Metzgerzunft, von der Kaiserkrone überragt; es beherrschte und vervollständigte diesen prächtigen Schlachthof, der selbst dem mittelalterlichen Paris zur Zierde gereicht …"

Was Victor Hugo in seinem Reisebuch „Der Rhein – Briefe an einen Freund" beschreibt, ist das Metzgerviertel mit seinen mittelalterlichen Verkaufsständen, die bis Mitte des 13. Jahrhunderts nachgewiesen werden können. Das Viertel befand sich in der Altstadt im Bereich des Alten Marktes (Teil des Krönungsweges vom Dom zum Römerberg). Im Osten wurde es begrenzt durch den Weckmarkt am Dom, im Süden durch den Main und im Westen durch Lange Schirn und Goldhutgasse. Noch Mitte des 19. Jahrhunderts gab es dort etwa 150 Schweine-, Ochsen- und Hammelmetzger, die sich auf die jeweiligen Fleischsorten spezialisiert hatten. Das Schlachthaus lag bis 1893 in der Nähe des Doms am Main, von dort war es nicht weit zu den Verkaufsständen.

Nur Metzgern, die eine Schirn finanzieren konnten, war es erlaubt, ihr Fleisch dort zu verkaufen. Das war eine kostspielige Angelegenheit, im 17. Jahrhundert mussten rund 2.000 Gulden dafür bezahlt werden, im 19. Jahrhundert mehr als 10.000. Die Aufnahme in die Metzgerzunft war an strenge Bedingungen geknüpft: Der Metzger musste mindestens zehn Jahre in Frankfurt gelernt haben, durfte nicht unehelich geboren sein und musste einen untadeligen Lebenswandel nachweisen. Da diese Kriterien nicht immer erfüllt werden konnten, gab es sogenannte Freimeister, also unzünftige Metzger, die ab dem 16. Jahrhundert speziell an der Südseite des Doms in den „neuen" Schirnen ihre Produkte verkauften. Auch das Zunfthaus der Metzger an der Ecke Alter Markt/Tuchgaden befand sich im „Worschtquartier". Unter dem wuchtigen Dach, das auf Eichenpfosten ruhte, verzehrte man warme Fleisch- oder

Im „Worschtquartier".

In der Neuen Altstadt kann man sich ein Bild von den Verkaufsständen machen.

Gelbwurst mit Wasserweck auf der Hand. Wer nicht im Stehen essen wollte, nahm den Imbiss einfach mit in die Gaststätte, wie in die „Binger Weinstubb“, wo der Kellner unaufgefordert Teller und Besteck brachte. Im Zweiten Weltkrieg zerstört, ist es seit der Wiedererrichtung der Altstadt nun wieder möglich, sich im ehemaligen Zunfthaus eine Wurst „to go“ schmecken zu lassen.

Erst 1859 wurde eine erste Schweinemetzgerei außerhalb des Quartiers eröffnet. Metzger Balthasar Hartmann verkaufte seine Waren in der Allerheiligengasse 11.

So begeistert Victor Hugo über die Metzgerschirnen schrieb, so gegenteilig war Goethes Meinung dazu: „Die Fleischbänke sind das Hässlichste, was vielleicht dieser Art sich in der Welt befindet; sie sind auf keine Weise zu verbessern, weil der Fleischer seine Waren, so wie ein anderer Krämer, unten im Haus hat. Diese Häuser stehen auf einem Klumpen beisammen und sind mehr durch Gänge als durch Gäßchen getrennt.“ (Reiseaufzeichnungen auf dem Weg von Weimar in die Schweiz am 18. August 1797) Die Unattraktivität dieses Standortes hielt Goethe aber nicht davon ab, den Produkten hohe Wertschätzung entgegenzubringen. Vor allem Frankfurter Schwartenmagen erfreute sich bei ihm großer Beliebtheit. Diese Kochwurst aus Schweinefleisch vom Kopf und Schwarten ließ sich Goethe jahrelang von seiner Mutter nach Weimar schicken, sogar die „durchlauchtigste“ Fürstin Anna Amalia wurde damit versorgt. 1778 stand Mutter Goethe allerdings vor einem großen Problem. Offenbar hatte ihr Sohn der ganzen Weimarer Gesellschaft den Mund wässrig gemacht, denn die Nachfrage stieg sprunghaft an, weshalb Goethe seine Mutter bat, sie möge dafür Sorge tragen, dass ein Frankfurter Metzger einen Lehrling nach Weimar schicke, damit die Produktion vor Ort aufgenommen werden könne. Selbstverständlich gab kein Metzger sein Rezept preis und so blieb es bei dem schwunghaften Handel. Nach dem Tod der Mutter wandte sich Goethe an seine Freundin Marianne von Willemer, der nun die Aufgabe zufiel, für Nachschub zu sorgen: „Sodann fallt es mir aber doch ein, Sie um ein paar Schwartenmägen zu bitten, welche bei mäßiger Kälte wohl möchten zu transportieren sein. Während meiner Mutter Lebzeiten kamen dergleichen zu gehöriger Zeit regelmäßig an, und nur zwei der ältesten Freunde erinnern sich derselben als fabelhafter, mythologischer Produktionen … Sie … werden mir als liebe, sorgliche Freundin hierzu gern einigen Beitrag tun.“ (Weihnachten bei der Familie Goethe, Hrsg. Gerd J. Grein, Verlag der Nation) Die Frage der Bezahlung blieb offen.

Sprachwissenschaftler sind sich bis heute nicht einig, wovon sich der Begriff „Schirn“ ableitet. Eine Erklärung weist auf „Schranne“ hin, so werden in Süddeutschland Verkaufstische genannt, wobei „Schranne“ auf das altitalienische „Scranna“ zurückgeht.

Essen bei Familie Goethe

Einem Zitat zufolge, das Grillparzer zugeschrieben wird, soll Goethe vielleicht einmal etwas Schlechtes geschrieben, aber nie etwas Schlechtes gegessen haben. Der Geschmack wird im Elternhaus geprägt und im Hause Goethe legte man durchaus Wert auf gutes Essen, wie das „liber domesticus", das Haushaltsbuch, das der Vater in lateinischer Sprache führte, belegt. Pro Jahr wurden für „Ökonomie" etwa 800 Gulden ausgegeben, eine recht stattliche Summe, wenn man bedenkt, dass der Jahreslohn eines Stadtschultheißen bei 1.200 Gulden und der eines Handwerkers bei 60 Gulden lag. Für das Geld wurden regelmäßig u. a. Kaffee, Zuckerhüte, Reis, Wurst und Käse sowie Oberräder Kuchen, eine Art Napfkuchen, gekauft. Auch Gewürze wie Pfeffer, Zimt, Gewürznelken und Ingwer schlugen zu Buche. In gewissen Abständen wurde ein Schwein geschlachtet, wobei nicht nur die Kosten für das Tier und das Salz zum

Über dem Herd hingen Würste und Speck im Rauchfang.

Pökeln anfielen, es mussten auch die Männer bezahlt werden, die das Tier brachten; Schlachter, Gewichtstaxator und Fleischbeschauer mussten ebenfalls entlohnt werden.

Neben der Küche befand sich die Speisekammer, in der die ganzen Köstlichkeiten verwahrt wurden. Es heißt, Mutter Goethe habe den Schlüssel dazu stets an ihrem Kleid getragen, damit niemand unbemerkt hineingehen und sich ungefragt bedienen konnte. Der Zugang zur Speisekammer lag im Flur, sodass keine Kochdünste eindringen konnten und es während des Kochens nicht zu großen Temperaturschwankungen kam – alles war wohldurchdacht. Hier lagerte Mehl in Holzkisten, das gelegentlich umgeschüttet und gesiebt werden musste, weil es sich Mäuse und Motten darin gern bequem machten. Erbsen, Linsen, Mandeln und Rosinen wurden in Leinen- und Jutesäcken aufbewahrt, Kaffee und Tee in Blechdosen und Eingemachtes in Gläsern. Auf dem Regal standen Zuckerhüte, von denen grobe Stücke zum Backen abgeschlagen wurden, wenngleich es in Ermangelung eines Backofens nicht möglich war, komplizierte Backwaren herzustellen. Für einfachere Kuchen stellte man ein Backblech auf die Feuerstelle des Herdes, die mit Holzkohle betrieben wurde, darauf kam die Kuchenform, die wiederum mit einem Backblech, auf dem Glut lag – gewissermaßen als „Oberhitze“–, abgedeckt wurde. Bekannt war zu dieser Zeit der sogenannte Gleichschwerkuchen: In die eine Waagschale kamen fünf Eier, in die andere das Mehl, wenn die Waage im Gleichgewicht war, stimmte die Menge. Genauso verfuhr man mit der

Der Spülstein mit der Rokoko-Verzierung ist im Original erhalten.

Menge für Zucker und Butter, auch diese Zutaten mussten dem Gewicht der Eier entsprechen. Für Kleingebäck wie Brenten suchte Mutter Goethe dann die Konditoren auf.

Die eigene Wasserversorgung im Haus macht deutlich, dass Familie Goethe wohlhabend war, denn die meisten Bewohner der Stadt mussten mit hölzernen Eimern an den über 100 öffentlichen Brunnen Wasser holen.

Zu einem gewissen Grad war Familie Goethe Selbstversorger, denn sie besaß Land vor dem Friedberger Tor, wo neben Wein auch Spargel angebaut wurde, ein Gemüse, das Goethe bis ins hohe Alter mundete und das er selbst bei seinem Gartenhaus an der Ilm zog. Auch Äpfel, Birnen und Pfirsiche wuchsen im heimischen Garten, sie wurden oft zum Frühstück verzehrt oder zu Kompott verarbeitet. Ein Rezept für „Apfel Compot mit Zimt" findet sich im Kochbuch der Großmutter Anna Margaretha Justina Textor, geborene Lindheimer. Sie stammte aus Wetzlar und für sie wurde ein handgeschriebenes Kochbuch angefertigt, das man ihr vielleicht zur Konfirmation schenkte. Auf über 100 Seiten finden sich Tipps für den Haushalt. Neben Hinweisen zur großen Wäsche wurden auch die Regeln des „service à la française" erklärt, wobei gleichzeitig mehrere Speisen bei einem Menügang aufgetragen wurden, was einer genauen Ordnung entsprechen musste. Rezepte sind natürlich ebenfalls vermerkt, sowohl für den Alltag wie auch für Festessen, so z. B. „Wildpret" und „Maronen in Madeira". Bei diesem Rezept werden Maronen und Suppengemüse in Brühe gekocht, Butter hinzugefügt und das Gemüse passiert. Abschließend wird das Gericht mit Madeira und Zucker abgeschmeckt.

Maronen oder „Käste", wie sie auch genannt wurden, schätzte Goethe sehr. Nach seiner Übersiedlung nach Weimar ließ er sie sich häufiger von seiner Mutter schicken, wie folgender Brief belegt:

„Sambstag d 18ten October 1806

Lieben Kinder!
Nachdem dißmal die Castanien so auserordentlich gerathen sind; so überschicke ich hirmit eine Noble Quantität – auch habe wohl bedachtsam die großem von den kleinern mit eignen Händen auf beste separiert und von einander abgesondert um Euch die Mühe zu ersparen – welches wie ich hoffe Ihr mit dem gebührenden Danck erkennen werdet – mein Wunsch ist, daß sie euch in Gänsebraten – und blau Kohl wohl schmecken und noch beßer bekommen mögen …

Eure treue Mutter Goethe

N.S:
Montags den 20ten diese – gehen die Castanien mit dem Postwagen an Euch ab."

Auch Goethes Mutter wusste zu genießen; nach einem langen Arbeitstag gönnte sie sich etwas Gutes. In einem Brief teilt sie mit, dass „ehlenlange Krebse" ihr den Tag versüßen würden. In den Kochbüchern der damaligen Zeit tauchen zahlreiche Rezepte für Krebsgerichte auf, denn anders als heute gab es diese Tiere früher in großer Zahl, sodass ein Krebsessen nicht als Festtagsschmaus galt.

In Weimar war es dann neben dem Personal Christiane Vulpius, die sich um Goethes leibliches Wohl kümmerte. Aus zahlreichen Briefen geht hervor, was sie einkaufte, im Garten anbaute und zubereitete. Sie schaute in der Zeitung die Annoncen eines Delikatessenhändlers an, der „Olitäten, Liqueurs, feine Turiner Chocolat" und sogar „Citronen" zu günstigen Preisen anbot. Bei ihren Einkäufen wurde sie von einem Diener begleitet, der die Waren zu tragen hatte. Christiane bestellte den Garten und konnte Gurken, Kirschen, Kohlrabi und Artischocken ernten. Letztere gehörten wie Spargel angeblich zu Goethes Lieblingsgemüse. Sie musste sich um die Vorratshaltung und das Konservieren der Gartenfrüchte kümmern. Kraut, Bohnen und Gurken wurden sauer in Krügen aus Steingut eingelegt. Sie verstand es auch Spargel haltbar zu machen, damit er im Winter auf dem Speiseplan stehen konnte. Dazu wurde das Gemüse in Wein oder Essig mit Wasser halb gar gekocht, dann mit der Flüssigkeit in irdene Gefäße geschüttet, obenauf kam flüssige Butter, die das Ganze mehr oder weniger luftdicht abschloss. Obst wurde gedörrt, Pflaumen zu Mus verarbeitet und Kartoffeln und Karotten eingelagert.

Goethe liebte es, in Gesellschaft zu speisen, und wurde von Besuchern oft gerühmt, weil er gut mit dem Tranchierbesteck umgehen konnte. Wenn ein Gast eine Speise wie Kaviar oder Artischocken nicht kannte, bekam er von Goethe eine entsprechende Anweisung, wie damit umzugehen sei. Was heute das Credo vieler Köche ist, hatte Goethe schon damals erkannt: Er bevorzugte überwiegend regionale Produkte der Saison, deren Qualität nicht durch lange Transportwege gemindert wurde. Diese Ansicht findet sich auch in „Faust II" wieder, bemerkt darin doch der Kaiser: „Der Lieblingsspeisen Wahl laß mir zu allen Zeiten, wie sie der Monat bringt, und sorgsam zubereiten!" Die Antwort des Erztruchsesses darauf lautet: „Dich reizt nicht Fern und Früh, womit der Teufel prangt, einfach und kräftig ist's wonach dein Sinn verlangt."

Gelegentlich ließ sich Goethe auch, wenn er fern von Zuhause weilte, Speisen schicken. Am 12. Dezember 1795 bestellte Christiane frische Trüffel, um eine Gänseleberpastete herzustellen, die sie ihm nach Jena schickte. Auch Kalbsfüße in Gelee gingen mit Botenweibern zu ihrem Liebsten nach Jena. Sie stand einem Haushalt vor, in dem große Mengen an Lebensmitteln verbraucht wurden, was eine Notiz von Goethe im Jahr 1800 belegt. Sein Pächter in Oberroßla hatte jährlich folgende Waren abzuliefern: 40 Pfund Pökelfleisch, 24 Paar Tauben, 6 Schöpsenkeulen (Hammelkeulen), 24 Schock Eier (ein Schock entsprach fünf Dutzend), 34 junge Hühner, 3 fette

Truthähne, 12 Enten, 3 Schweine, 12 Martinsgänse, ferner Erbsen, Linsen, Weizen, Maibutter, Milch und 340 Butterwecken.

Goethe war, wie man seinen Briefen entnehmen kann, nicht nur heimischen Speisen zugetan, er war während seiner Italienreise (1786–1788) auch Neuem gegenüber aufgeschlossen, das er probierte. Er stellte fest, dass man in Italien Kohlrabi roh aß, und lernte Tomaten kennen, die er „Äpfel des Solanum" nannte. Offenbar waren sie aber in erster Linie für ihn von botanischem Interesse, denn er erwähnte nicht, dass man sie essen kann. Die Rede war ferner von „wunderlichen Gurken", dabei könnte es sich um Zucchini gehandelt haben. Goethe beobachtete, wie Zitronen sorgsam einzeln in Papier gewickelt wurden, um sie versandfertig zu machen, und in Agrigent konnte er einer Familie bei der Nudelherstellung zusehen: „Die Makkaroni, ein zarter, stark durchgearbeiteter, gekochter, in gewisse Gestalten gepresster Teig von feinem Mehl, sind von allen Sorten überall um ein geringes zu haben. Sie werden meist nur in Wasser abgekocht, und der geriebene Käse schmälzt und würzt zugleich die Schüssel." Nach seiner Heimkehr gehörten Makkaroni zu seinen Leibspeisen. Vollkommen ungewohnt war für ihn, der die höfische Etikette gewohnt war, das Angebot an Nahrungsmitteln auf der Straße. In Neapel beeindruckte ihn „Streetfood" enorm: „Fast an der Ecke jeder großen Straße sind die Backwerksverfertiger mit den Pfannen voll siedenden Öls … beschäftigt, Fische und Backwerk einem jeden nach seinem Verlangen sogleich zu bereiten. Diese Leute haben einen unglaublichen Abgang, und viele tausend Menschen tragen ihr Mittag- und Abendessen von da auf einem Stückchen Papier davon." Essen „to go" in der Goethezeit. Goethe wurde zu einem Liebhaber der italienischen Küche, er schätzte Olivenöl, und „Stufato", ein gespickter Rinderbraten, soll zu seinen Leibspeisen gehört haben.

Kleinmarkthalle

Bis weit ins 19. Jahrhundert wurden vielerlei Produkte auf der Straße unter freiem Himmel verkauft, zahlreiche Straßennamen erinnern noch daran (Kornmarkt, Hühnermarkt, Weckmarkt). Die „Floradöchter" wie Friedrich Stoltze sie nannte, boten ihre Blumen am Steinernen Haus an, Fische gab es in der Nähe des Domes und Ferkel bei der Alten Nikolaikirche. Die Oberräder Gemüsefrauen waren am Alten Markt anzutreffen. Diese Verkäuferinnen waren Klein- und Kleinstgewerbetreibende, die nicht das Geld besaßen, um eine „Kräme" anzumieten, so hockten sie bei Wind und Wetter neben ihren Waren. Wenn es zu kalt und ungemütlich wurde, hatten die Hockinnen einen kleinen Ofen bei sich, der auch schon mal unter den Schemel gestellt und vom weiten Rock verdeckt wurde.

Gegen Ende des 19. Jahrhunderts stieg die Anzahl der Bewohner stark an, sodass der Bedarf an Lebensmitteln immer größer wurde. Daher beschloss die Stadt, eine Markthalle an der Hasengasse bauen zu lassen, die auch den geänderten Hygieneanforderungen besser entsprach. Im Dezember 1878 war die von der Firma J.S. Fries Sohn errichtete hochmoderne Glas- und Stahlkonstruktion vollendet. Es war die erste ihrer Art in Deutschland, sie sollte später als Vorbild für andere Hallen dienen. In Reiseführern wurde das Bauwerk lobend erwähnt, das ungefähr dort stand, wo sich heute das Parkhaus an der Konstablerwache befindet. Es wurde eigens eine Straßenbahnlinie zur Halle geschaffen, die man im Volksmund „Dienstmädchenlinie" nannte. Ehe die Halle in Betrieb genommen werden konnte, bedurfte es einer Marktordnung, damit alles seine Richtigkeit hatte. Als das geregelt war, konnte die Halle am 10. Februar 1879 eröffnet werden. Im Erdgeschoss wurde Gemüse verkauft, auf der Galerie wurden Butter und Käse angeboten. Offenbar waren nicht alle von dieser neuen Institution begeistert, wie das Gedicht über das Klagelied einer alten Hockin von Adolf Stoltze zeigt:

Hie in der Hall, da sein merr Dame,
Dann Hocke sein merr lengst net mehr.
Merr hawwe jetzt en annern Name,
Ich wollt, daß es wie frieher wer,

Was brauchte wir e Hall, wir Hocke!
Wir hawwe ja bei Storm un Schnee
Gesotze fast wie Zunner trocke
Die Jahrn lang unnerm Barbelleh.

Der Vorläufer unserer heutigen Kleinmarkthalle.

Die Markthalle stieß schnell an die Grenzen ihrer Kapazitäten, sodass weitere Hallen genutzt und sogar wieder Produkte unter freiem Himmel (am Börneplatz) verkauft wurden. Mit der Errichtung der Großmarkthalle im Ostend 1928 verbesserte sich die Situation und die Kleinmarkthalle war nun nicht mehr Anlaufstelle für die Großhändler.

Im März 1944, als die Altstadt im Bombenhagel unterging, brannte auch die Markthalle aus. Im Keller der Ruine konnte der Verkauf noch eine Zeit lang aufrechterhalten werden. Nach dem Krieg gab es einige provisorische Verkaufsstände auf dem Grundstück. Im November 1952 beschloss die Stadt einen Neubau an anderer Stelle, da der alte Standort wegen der Verbreiterung der Zeil nicht mehr infrage kam. Zwischen Hasen-, Ziegel- und Töngesgasse konnte die neue Kleinmarkthalle nach elf Monaten Bauzeit am 29. März 1954 eröffnet werden. Die Architekten Gerhard Weber und Günther Gottwald hatten eine hochmoderne 100 Meter lange Halle entworfen, wobei die Konstruktion des Pultdaches, das sich von 13 Meter im Norden auf 8 Meter im Süden neigt, dem Zeitgeist entsprach. In den Mitteilungen der Industrie- und Handelskammer war zu lesen: „Unter einem nach Süden zugeneigten Dach aus einer weitgespannten Stahlkonstruktion lässt die völlig verglaste Nordseite der Halle voll das Tageslicht einfallen. An der Südseite ziehen sich die geschlossenen Stände hin … Schon das Äußere der Halle mit ihrer hellen Plattenverkleidung deutet auf den Zweck der Anlage hin, die der Versorgung mit Nahrungsmitteln aller Art sowie dem Kleinverkauf von Blumen dient." Und so ist es bis heute, in der Halle gibt es auf etwa 1.500 Quadratmetern 156 Standeinheiten. Im Untergeschoss finden sich

Auch von der Galerie bekommt man einen Eindruck von der Vielfalt an Produkten.

nicht nur Lagerflächen und eine Müllzerkleinerungsanlage, es werden auch lebende Fische verkauft. Im Erdgeschoss befinden sich an der Südseite Metzgerstände, die allen Kundenwünschen gerecht werden, egal ob jemand Spezialitäten wie Lunge, Leber, Nieren, Hirn vom Kalb oder Fleisch sucht, das „halal“, also nach muslimischem Ritus „rein“ ist.

Neben Obst und Gemüse aus der Region in Spitzenqualität werden exotische Produkte angeboten, wie die in Thailand wachsenden Mangostan oder Rambutan oder die Stinkfrucht. Käseliebhaber werden hier ebenso fündig wie Besucher, die belgische Trüffelpralinen, Wild oder Geflügel suchen. Backwaren, Gewürze, Tee und Blumen samt Samen ergänzen das Angebot, das sich auch auf der Galerie fortzieht. Hier sind es französische und italienische sowie türkische Händler, die um die Gunst

Der Bildhauer Carl Wagner schuf das Werk „Marktleben".

der Kunden buhlen. Der Haupteingang der Halle befindet sich an der Hasengasse, wo ein Relief aus Keramikplatten seit 1954 die Wand ziert.

An der Wand zum Ausgang auf den Liebfrauenberg befindet sich ein weiteres Kunstwerk, das 1996 von dem amerikanischen Architekturprofessor Douglas Cooper gestiftet wurde. Cooper hatte einige Jahre in Frankfurt gelehrt und wollte der Stadt bei seinem Abschied etwas schenken. Entstanden ist dieses 9 x 6 Meter große Werk, das aus einer mit Papier bezogenen Spanplatte besteht. Dieses „Frankfurt Panorama" setzt sich aus verschiedenen Teilen zusammen: Oben sieht man die Stadt aus der Vogelperspektive, unten ist gewissermaßen ein Flickenteppich der Erinnerung entstanden. Cooper hatte mit seinen Studenten Frankfurter Bewohner zu ihren Assoziationen bei der Nennung des Namens „Frankfurt" befragt. Entstanden sind

Das Werk von Cooper zeichnet sich durch Detailreichtum aus.

dabei kleine, sehr persönliche Skizzen, gewissermaßen Momentaufnahmen. Eine Teilnehmerin dachte als erstes an das Rebstockbad, ein anderer Teilnehmer an das erste Treffen mit seiner späteren Frau am Messeturm. Cooper wollte das Werk an einer gut zugänglichen Stelle platziert wissen, wofür sich die Kleinmarkthalle geradezu anbot.

Die Kleinmarkthalle, Hasengasse 5–7, 60311 Frankfurt am Main; Tel.: 069/21233696. Öffnungszeiten: Montag bis Freitag 8–18 Uhr, Samstag 8–16 Uhr, Sonn- und Feiertag geschlossen.

Großmarkthalle

Mit der Wahl von Ludwig Landmann zum Oberbürgermeister der Stadt Frankfurt im Jahr 1924 gelangte ein Mann an die Spitze, der sich nicht nur Gedanken über die Wohnsituation machte und richtungsweisende Projekte wie die Siedlungen von Ernst May förderte, sondern auch die industrielle und wirtschaftliche Entwicklung vorantrieb. Seine Erfahrung als Dezernent für Wirtschaft, Verkehr und Wohnungswesen dürfte ihm dabei sehr geholfen haben. Durch seine Eingemeindungspolitik avancierte Frankfurt flächenmäßig zur drittgrößten Stadt Deutschlands, deren Bewohner versorgt werden mussten. In der Kleinmarkthalle wurde es im Zuge dieser Entwicklung sehr unübersichtlich, sie stieß an ihre Grenzen, sodass schließlich eine Verkaufsstätte eigens für die Großhändler errichtet wurde – die Großmarkthalle.

Schon zur Amtszeit von Franz Adickes (1890–1912) war eine solche Einrichtung erwogen, allerdings aufgrund des Ersten Weltkrieges und anschließender wirtschaftlicher Probleme nicht realisiert worden. Unter Ludwig Landmann wurde das Projekt schließlich in Angriff genommen. Die Sonnemannstraße erwies sich als idealer Standort, bot sie doch Anschluss an Straße, Schiene und Wasserweg. Der aus Tübingen stammende Architekt Martin Elsässer wurde mit der Ausführung beauftragt. Mit seinem Namen sind zahlreiche Kirchenbauten verbunden, u. a. die Lutherkirche in Lichtental, die Georgskirche in Massenbach oder die Eberhardskirche in Tübingen, was dazu führte, dass man die Großmarkthalle, die im Innern durchaus sakrale Assoziationen weckte, liebevoll „Gemieskirch“ oder auch „Kabbeskathedrale“ nannte. Im Oktober 1928 konnte das rund 15 Millionen Reichsmark teure Gebäude eingeweiht werden, sicherlich eines der bedeutendsten Werke Elsässers.

Die 220 x 50 Meter große Halle war eine der größten ihrer Zeit. 15 Tonnengewölbe, die im Scheitelpunkt eine Stärke von nur etwa 7 Zentimetern aufweisen, überspannen den Komplex und begünstigen die klimatischen Verhältnisse. Elsässer hatte eine Tragwerkskonstruktion in einer der größten stützenfreien Hallen geschaffen, die einmalig war. Das Hauptgebäude wird an beiden Seiten von zwei achtgeschossigen Kopfbauten flankiert, wobei der westliche Bau Büros und die Marktkasse beherbergte, der östliche Verkaufsstände, Kühlräume und eine Eisproduktionsstätte. An die Kopfbauten schlossen sich viergeschossige Annexbauten mit unterschiedlichen Einrichtungen an. Hier waren Gaststätten, Zollabfertigung und Wohnungen untergebracht. In der Großmarkthalle gab es von Anfang an 30 Wohnungen, die für Beschäftigte, u. a. Mitarbeiter des Reinigungspersonals, reserviert waren. Die Miete war günstig, in den 1960er-Jahren schlug sie für etwa 90 Quadratmeter mit knapp 100 DM zu Buche. In den 1980er-Jahren durften auch Personen einziehen, die nicht in der Halle arbeiteten. Auf dem Gelände gab es ferner eine Sortierhalle, ein Wiegehäuschen, eine Importhalle, die auch von der städtischen Schulspeisung genutzt wurde, und Räumlichkeiten, in denen Bananen reifen konnten.

Die Großmarkthalle war DER Umschlagplatz für Obst und Gemüse, um die Bewohner Frankfurts und des gesamten Rhein-Main-Gebiets zu versorgen. Im Zweiten Weltkrieg wurde speziell der Westen der Halle schwer zerstört, aber schon nach Kriegsende konnte der Betrieb provisorisch wieder aufgenommen werden. Zum Teil wurden Waren direkt vom Lkw verkauft. Eine Blütezeit erlebte die Halle in den 1950er- und Anfang der 1960er-Jahre, danach machte sich ein Einbruch bemerkbar, denn viele Supermärkte wurden direkt beliefert, sodass die Großmarkthalle an Bedeutung verlor und einige Flächen als Lager von Überschussproduktionen innerhalb der Europäischen Union genutzt wurden. Auch eine völlig andere Nutzung, nämlich als Industriemuseum oder Sportstätte, wurde erwogen, doch es sollte anders kommen. Als die Europäische Zentralbank 1998 ihre Arbeit im Eurotower am Willy-Brandt-Platz aufnahm, wurden Überlegungen angestellt, ein eigenes Gebäude errichten zu lassen. Nach Prüfung von über 30 Standorten in Frankfurt entschied man sich für das Areal der Großmarkthalle. Als Sieger des Architekturwettbewerbs ging schließlich das Wiener Büro Coop Himmelb(l)au hervor. Damit war das Ende der Großmarkthalle besiegelt, der letzte Markttag war der 4. Juni 2004. Nun ist das Frischezentrum in Kalbach Anlaufstelle für Großhändler.

Die Großmarkthalle um 1960.

Unternehmen mit Tradition

Lacroix

„Ein Hauch von Luxus" – mit diesem Slogan in geschwungener, goldener Schrift wirbt die Firma Lacroix, die ihre Wurzeln in Frankfurt hat. Der Firmengründer Eugen Lacroix (1886–1964) stammte aus Altdorf/Baden und absolvierte eine Lehre als Koch im „Hotel Sonne" in Lahr. Sein Ausbilder war kein Geringerer als Louis Nassoy, der Hofkoch von Napoleon III. Lacroix erweiterte seine Fähigkeiten in anderen Häusern und arbeitete in Kombüsen der Schiffe des Norddeutschen Lloyds, die Routen in Nord- und Mittelamerika befuhren, wo er sein kulinarisches Repertoire ausbauen konnte. Nach dem Tod des Vaters übernahm die Mutter das Ruder im Familienbetrieb, einem Weinrestaurant in Straßburg. Auch hier betätigte sich Lacroix als Koch und bei einem Wettbewerb im Jahr 1910 errang er eine Goldmedaille. In Straßburg lernte er Albert Schweitzer und Theodor Heuss kennen, die zu Stammkunden werden sollten und ihn auch später in Frankfurt aufsuchten. Nach dem Ersten Weltkrieg wurde er als Deutscher aus Straßburg ausgewiesen und ging nach Frankfurt, in eine Stadt, die ihm nicht unbekannt war, denn er hatte dort schon 1903 gearbeitet. Das „Hotel Europahof" und die „Stadtküche Buerose" in der Nähe des Hauptbahnhofs waren zwei seiner Stationen. Offensichtlich hatte es ihm am Main gut gefallen, da er dorthin zurückkehrte, um sich neuen kulinarischen Herausforderungen zu stellen. 1921 gründete er ein „Unternehmen zur Herstellung erlesener Delikatessen und feiner Conserven".

Schon früh hatte Lacroix ein spezielles Interesse an Pasteten und Suppen entwickelt. In den Räumlichkeiten einer ehemaligen Metzgerei in Sachsenhausen stellte er zunächst getrüffelte Gänseleber her, die er persönlich per Fahrrad zu den Hotels brachte und zum Verkauf anbot. Zwei Jahre später erfolgte die Übersiedlung in die Bruchfeldstraße 15 in Niederrad und kurz darauf stand er einem Betrieb mit über 300 Mitarbeitern vor. Die „Conservenfabrik Eugen L. KG" entwickelte sich zu einer der bedeutendsten Feinkostfabriken Europas. Lacroix verwendete erlesene Produkte, die er vorbereitete und konservierte, damit sie der Profi- oder Hobbykoch problemlos in der Küche verwenden konnte – ein Konzept, das aufging.

In Niederrad begann auch die Produktion der legendären Schildkrötensuppe, die Weltruf erlangte und Exotik in die Küchen brachte. Ende der 1950er-Jahre wurden in

Diese von Senckenberg Naturmuseum präparierte Schildkröte hing lange im Eingangsbereich des Geschäftsgebäudes in Niederrad.

Selbst die Dose mit ihrem goldenen Schimmer war etwas Besonderes.

der Firma etwa 250 Tonnen Schildkrötenfleisch pro Jahr verarbeitet. Die Bewohner in Niederrad staunten nicht schlecht über die Fracht der tiefgefrorenen Tiere, die bei der Produktionsstätte abgeladen und vom Chef persönlich begutachtet wurden.

Mit einem Preis von etwa 20 DM pro Dose (800 ml) war dieser Hauch von Luxus nicht völlig unerschwinglich, aber eben doch etwas Besonderes. Eigens dafür entworfene Suppentässchen mit Schildkrötenmotiv waren für die gehobene Tafel ein Muss.

Die Suppe eroberte die Speisekarten und auf Empfängen wurde erlauchten Gästen die „Schildkrötensuppe Lady Curzon" gereicht. Lady Mary Curzon lebte im 19. Jahrhundert in der englischen Kolonie Indien, ihr wird die Verfeinerung der Suppe mit Sherry, Curry und Sahnehäubchen zugeschrieben. Angeblich soll sie ihren Koch bei einem Essen angewiesen haben, den Sherry, der sonst separat gereicht wurde, direkt in die Suppe zu geben und ein Sahnehäubchen obenauf zu setzen – ähnlich dem „Pharisäer" in Friesland –, da ein Gast keinen Alkohol trank. Diese Geschichte kann nur zu den kulinarischen Legenden gehören, denn Lady Curzon hätte den Staatsgast sicher nicht in dieser Form brüskiert und ihren guten Ruf aufs Spiel gesetzt.

Eine besonders edle Variante der Suppentässchen.

Zu Spitzenzeiten produzierte die Firma über 120 Spezialitäten wie Suppen, Pasteten und Saucen, die in die weite Welt exportiert wurden. Neben Bodenständigem wie Linseneintopf gab es auch Angebote, die den Gaumen der Liebhaber eher exotischer Speisen kitzelten, etwa Suppe aus Känguruschwänzen, Seegurken oder Schwalbennestern. Als die Proteste der Tierschützer immer lauter wurden, stellte die Firma die Produktion von Gänsestopfleber und Schildkrötensuppe ein. Nach dem Washingtoner Artenschutzübereinkommen von 1976, das den Schutz von Pflanzen und Tieren auf internationaler Ebene regelt, kommt europäischen Landschildkröten der Schutzstatus „A“ zu, d. h., sie sind vom Aussterben bedroht. Die Firma beteuerte mehrfach, dass die bei ihnen verarbeiteten Schildkröten aus Zuchtfarmen und nicht aus freier Natur stammten, sie beugte sich aber den Protesten und nahm den Verkaufsschlager 1984 aus dem Programm.

Nach dem Tod Eugen Lacroix’, dessen Grab sich auf dem Frankfurter Südfriedhof befindet, übernahmen die Witwe Rosel und Sohn René das Ruder. 1972 erfolgte der Verkauf an die amerikanische Firma ITT, die sieben Jahre später von der Campbell Soup Company übernommen wurde. Im Juli 1996 stellte man die Produktion in Niederrad ein. Die deutsche Niederlassung der Campbell Soup Company in Lübeck verwendet den Namen „Lacroix“ weiterhin.

Eugen Lacroix war das einzige deutsche Mitglied der Académie Culinaire sowie Wiederbegründer des Verbandes der Köche Deutschlands und setzte sich für die Wiederbelebung der Internationalen Kochkunstausstellung in Frankfurt ein. Er trug maßgeblich dazu bei, dass Frankfurt wieder in den Blickpunkt des gastronomischen Interesses rückte, und wurde dafür auch geehrt. Er erhielt u. a. die Ehrenplakette der Stadt Frankfurt sowie das Bundesverdienstkreuz. Eine weitere Würdigung ist die Tatsache, dass in seinem Geburtsort Altdorf eine Straße nach ihm benannt wurde. Auch im Heimatmuseum Niederrad wird seiner mit verschiedenen Exponaten gedacht.

Bezirksverein Niederrad e. V., Schwanheimer Str. 17, 60528 Frankfurt am Main;
Tel.: 069/676642 (Werner Hardt, 1. Vorsitzender).
Öffnungszeiten: Dienstag 14–17 Uhr, am 2. Sonntag im Monat 14–17 Uhr,
Gruppen auch nach Vereinbarung.

Firma Nestlé

Die mittlerweile in über 190 Ländern agierende Nestlé AG geht auf einen Frankfurter zurück: Heinrich Nestle. Der Firmengründer kam 1814 als elftes von 14 Kindern in der Töngesgasse zur Welt. Seine Familie stammte ursprünglich aus Sulz am Neckar. Zahlreiche Verwandte traten in Frankfurt als Glaser und Glaswarenhändler in Erscheinung. Heinrich jedoch absolvierte in der Brückenapotheke eine mehrjährige Lehrzeit, ehe er ins Ausland ging und schließlich am Genfer See in Vevey heimisch wurde. 1839 änderte er seinen Namen in Henri Nestlé, was natürlich ungleich eleganter klang. Vier Jahre später baute er ein Handelsunternehmen auf, das ihm seinen Lebensunterhalt sicherte. Nestlé produzierte Öle, Alkoholika, Limonaden, handelte mit Kunstdünger und Mineralwasser. Auch Flüssiggas für die Beleuchtung von Vevey vertrieb er. Als die Stadt schließlich an das Gasnetz angeschlossen wurde, versiegte diese Einnahmequelle. Nestlé war aber flexibel und erfindungsreich, mit seinem „Kindermehl", dem Milchpulver, das ab 1868 seinen Siegeszug antrat, hatte er großen Erfolg. Sein unternehmerisches Geschick ließ ihn nicht im Stich und als er im Alter das Unternehmen verkaufte (1875), hinterließ er ein florierendes Geschäft.

Schon das Familienwappen zeigte ein „Nestle", die schwäbische Verkleinerungsform von „Nest". War es anfangs nur ein Vogel im Nest, sind es nun eine Vogelmutter mit zwei Jungen und Eichenlaub, die das Logo bilden.

Die deutsche Zentrale von Nestlé in Niederrad.

Ein Meilenstein in der Geschichte des Unternehmens war sicherlich die Fusion mit der Anglo-Swiss Condensated Milk Company (1905), die als erste Firma Kondensmilch in Europa einführte, ein nicht zu unterschätzender Fortschritt, denn Kühlschränke waren noch nicht weit verbreitet. Nestlé brachte schon 1938 den ersten Pulverkaffee auf den Markt, zehn Jahre später folgte „Nesquick", ein Kakaogetränk, mit dem Generationen von Kindern aufwuchsen. In den 1960er-Jahren tauchte der Firmenname erstmals im Bereich der Tiefkühlkost auf und 1986 begann „Nespresso" den Markt zu erobern. Ein Jahr später wurde der Firmensitz der Deutschland-Zentrale von Lindau am Bodensee nach Frankfurt-Niederrad verlegt.

Heute ist die Firma Nestlé, deren Hauptsitze in Vevey und Cham in der Schweiz angesiedelt sind, der größte Industriekonzern der Schweiz und das größte Unternehmen in der Lebensmittel- und Getränkesparte weltweit. Die Firma ist mit über 300.000 Beschäftigten, gut 10.000 davon in Deutschland, in den Bereichen Getränke, Wasser, Milchprodukte, Süßwaren, aber auch Tiernahrung und Hautpflege tätig. Zu Nestlé gehören etwa 2.000 Marken, u. a. Thomy, Wagner, Maggi, Buitoni, Bübchen, Choco Crossies, Herta, KitKat und Vittel. In der Firmengeschichte gibt es jedoch nicht nur Erfolge zu verzeichnen, aufgrund von Skandalen geriet die Firma mehrfach in die Schlagzeilen.

Gref-Völsing

In der Hanauer Landstraße 132 lässt ein Ladenschild das Herz vieler Freunde von Frankfurter Köstlichkeiten höherschlagen, denn hier ist die Metzgerei Gref-Völsing ansässig, eine Institution seit 1894.

Karl Gref und Wilhelmine Völsing heirateten nicht nur in jenem Jahr, sie gründeten auch eine Metzgerei, die beider Namen trug. Den Geschäftsbetrieb nahmen sie bezeichnenderweise im Haus „Zum goldenen Kalb" auf, das sich in der Schnurgasse der Altstadt befand. (Der Verlauf der Schnurgasse, die im Zweiten Weltkrieg zerstört wurde, ist ungefähr identisch mit dem Teil der Berliner Straße, der sich östlich der Neuen Kräme befindet.) Der Erfolg ließ nicht lange auf sich warten: Auf den Kochkunstausstellungen in Frankfurt im Jahr 1905 und in Wien 1908 wurde die Rindswurst mit einer Goldmedaille prämiert. Das Gebäude in der Altstadt erwies sich rasch als zu klein, sodass 1913 ein Umzug in die Hanauer Landstraße erfolgte. Zu dieser Zeit wurde das Osthafengebiet gerade erschlossen, Stromanschluss gab es also und somit war der Standort ideal. Gref ließ ein Wohn- und Geschäftshaus errichten, das noch heute Sitz des Familienunternehmens ist.

Im Ostend lebte eine große jüdische Gemeinde. Nach Angabe von Paul Arnsberg, einem ehemaligen Vorsitzenden der jüdischen Gemeinden Hessens, war das Ostend

Das Mekka vieler Wurstliebhaber befindet sich in der Hanauer Landstraße.

Arbeit im Ostend.

„kompakt jüdisch besiedelt". Auch jüdische Kunden erfreuten sich an dem Angebot der Rindswürste, da es ihnen nach den jüdischen Speisegesetzen nicht erlaubt ist, Schweinefleisch zu essen. Die legendäre Rindswurst von Gref-Völsing wurde mehrfach prämiert und man setzte – damals wie heute – auf Klasse statt Masse.

1937 übernahmen die Brüder Fritz und Hermann den Betrieb. Hermann erfand den „Wurstklipper mit elektrischem Antrieb", wodurch das Abbinden der Wurst von Hand mit einer Kordel der Vergangenheit angehörte. Der Klipper bekam später die für Gref-Völsing charakteristische blaue Farbe. Auch an anderer Stelle hielt der Fortschritt Einzug: Wurden die Waren anfangs per Pferdekutsche zu den Filialen gebracht, so geschah es später mit dem Automobil.

Noch in den 1960er-Jahren suchte Hermann das Schlachtvieh zum großen Teil persönlich in München aus, ehe es per Bahn nach Frankfurt gebracht wurde. Hier angekommen, konnten sich die Tiere einige Tage in den Ställen des Schlachthofes von den Strapazen der Fahrt erholen, bevor sie geschlachtet wurden. Schon damals hat man erkannt, dass sich Stress auch auf die Qualität des Fleisches auswirkt.

Nach Fritz' Tod führten seine Frau Marie, Hermann und dessen Frau Mariechen die Geschäfte weiter. Fritz' Tochter, Gertrud Berner, übernahm die kaufmännische Leitung, bevor sie diese ihren Töchtern Friederike Satvary und Dorothea Wohlberg übergab.

Die nunmehr vierte Generation erweiterte nicht nur das Sortiment, sie rief auch einen Mittagstisch ins Leben, bei dem jeder Kunde garantiert etwas Passendes findet. Des Weiteren eröffneten sie neben dem Verkaufsgeschäft mit Imbiss einen Grill, der gängige Produkte wie Currywurst und Pommes anbietet.

Seit 2004 ist die fünfte Generation im Unternehmen tätig: Anna Satvary und Franziska Scarpello stehen Friederike Satvary zur Seite, die seit 2011 als alleinige Geschäftsführerin die Geschicke des Unternehmens lenkt.

Das verwendete Fleisch stammt von der Bäuerlichen Erzeugergemeinschaft Schwäbisch Hall (BESH), d. h., es kommt nur bestes Muskelfleisch des Schwäbisch-Hällischen Landschweins und des Hohenloher Weiderinds aus artgerechter Haltung zur Verarbeitung, das unter Genießern einen hervorragenden Ruf besitzt. Diese Tatsache belegt zudem den Respekt des Unternehmens vor dem Schlachtvieh.

Wer die legendäre Rindswurst kostet, macht sich in der Regel keine Vorstellung vom Produktionsprozess, die Wurst soll ja einfach nur schmecken. Im Gebäude hinter dem Geschäft in der Hanauer Landstraße wird ab 5.30 Uhr mit der Herstellung der Wurst begonnen. Drei Mal pro Woche wird Fleisch in der „Wurstmanufaktur" angeliefert, das von Hand ausgebeint und zerlegt wird. Danach erfolgt die Zusammenstellung für die verschiedenen Wurstsorten. Nachdem das Fleisch im Fleischwolf zerkleinert wurde, geht es in den Kutter, der es klein häckselt, wobei Salz und die entsprechenden Gewürze hinzugefügt werden. Damit das Eiweiß des Fleisches nicht gerinnt, muss bei

Ab 1928 konnte man in der Frankfurter Innenstadt dem „Wurstmobil" von Gref-Völsing begegnen.

diesem Arbeitsgang stets etwas Eis hinzugefügt werden, da die Messer sich im Laufe des Produktionsprozesses erhitzen. Das fertige Brät kommt schließlich zum Abfüllen in die Maschine, wo der Darm mit dem Klipper verschlossen wird. Die im Wurstwagen hängenden Würste werden danach in die Räucherkammer gestellt, in der sie Farbe und Geschmack annehmen, um anschließend in der Garkammer etwa 25 Minuten zu verbleiben. Da die Würste auskühlen müssen, stellt man sie unter die Dusche, ehe sie in den Verpackungsraum gelangen, der mit 7 Grad Celsius temperiert ist.

In den letzten Jahren wurde das Angebot stetig ausgebaut; so gibt es die legendäre Rindswurst inzwischen auch in der Mini-Variante (15 kleine Rindswürste à 10 g in der Dose) sowie hausgemachte Spezialitäten, ferner ein Catering-Angebot und Geschenkartikel wie einen Baby-Body mit Firmenlogo.

Um die Mittagszeit herrscht Hochbetrieb im Geschäft; wer ein „Menü" bestellt, bekommt eine köstliche Rinderkraftbrühe mit Wasserweck und eine Rindswurst. Waren es früher Hafenarbeiter im Blaumann, die hier ihre Wurst verzehrten, so trifft man heute auch Geschäftsleute, wobei Taxifahrer als Wurstboten für Mitarbeiter umliegender Büros keine Seltenheit sind.

Die Tatsache, dass im Ostend eine Straße nach diesem Traditionsunternehmen benannt wurde, belegt den Stellenwert von Gref-Völsing.

Teehaus Ronnefeldt

Frankfurt war lange Zeit nicht unbedingt die Stadt, die man mit dem Teehandel verband, da fielen einem sicherlich zunächst Hafenstädte wie Hamburg ein, in denen riesige Ladungen an Tee aus Übersee gelöscht werden. Im Jahr 1823 jedoch trat Johann Tobias Ronnefeldt mit der Gründung eines Unternehmens in Frankfurt in Erscheinung; damit begann der erfolgreiche Teehandel. Der aus Sachsen-Anhalt stammende junge Mann hatte in dem Frankfurter Handelshaus von Johann Christian Mühl eine vierjährige Lehrzeit absolviert und später im Ausland Erfahrungen im Im- und Export sammeln können. Als Importeur handelte er nun mit „allen Gattungen Tee, ostindischen Manufakturwaren, Cigarren und anderen ost- und westindischen Produkten". Die Konzentration auf ein Handelsprodukt war zu dieser Zeit nicht üblich, zeitweilig gehörten sogar Gummistiefel zum Angebot. Ansässig war das Unternehmen in der Neuen Kräme, einem äußerst günstigen Standort, denn zu Messezeiten war dort viel Betrieb und das war einträglich für das Geschäft. An diesem Standort sollte

Firmensitz auf der Zeil.

Auch bei Ronnefeldt setzte man auf moderne Vertriebsmethoden per Automobil.

Dieser Firmensitz in der Goethestraße 3 wurde in der Schicksalsnacht 22./23. März 1944 zerstört.

das Unternehmen etwa 60 Jahre bestehen. Ronnefeldt heiratete Friederike Kluge, die Tochter eines Frankfurter Handelsmannes. Nach dem Tod ihres Mannes machte sie ihrem Namen alle Ehre und lenkte im Jahr 1845 die Geschicke der Firma mit Engagement und großem Erfolg. Ihren Söhnen Carl Adolph und Philipp Wilhelm ließ sie eine umfassende Ausbildung, u. a. in Hamburg, London und Paris, angedeihen, sodass sie gut gerüstet in die Firma einsteigen konnten. Es wurden „Niederlagen", so nannte man Filialen damals, eröffnet und ein Haus auf der Zeil gekauft, der neue Firmensitz.

Weitere Umzüge folgten, so war Ronnefeldt eine Zeit lang im Haus „Zum Goldenen Brunnen" ansässig, dem Altersruhesitz von Mutter Goethe in der Nähe der Hauptwache, später dann in der Goethestraße 3.

Nach dem Krieg zog das Teehaus Ronnefeldt nach Bockenheim an den Kurfürstenplatz in eine ehemalige Miederwarenfabrik.

Ein Meilenstein in der jüngeren Firmengeschichte war 1991 die Übernahme des Tee-Handels-Kontors Bremen mit dem Standort Worpswede, wohin die Verarbeitung und Versandlogistik verlagert wurden.

Zur Verarbeitung kommen nur hochwertige Blatttees aus den besten Anbaugebieten der Welt, wo nach der orthodoxen Methode gearbeitet wird, d. h., es wird von Hand geerntet und der weitere Prozess erfolgt auf schonende Weise. Für Spitzentees gilt die Regel: „two leaves, one bud" („zwei Blätter, eine Knospe"). Eine Pflückerin bringt es auf rund 20 Kilogramm pro Tag, vier Kilogramm Blätter ergeben ungefähr ein Kilogramm fertigen Schwarztee. Ronnefeldt ist es gelungen, Tee als Genussprodukt in der Vier- und Fünf-Sterne-Hotellerie zu etablieren. Schon der Firmengründer reiste von Stadt zu Stadt und bot den Hotels Teesorten an, die zu der Wasserqualität des Ortes passten. Vor seinen Treffen mit potenziellen Kunden probierte er verschiedene Sorten aus und konnte dann im Verkaufsgespräch auf die jeweils passende bei der Verkostung zurückgreifen. Heute werden bei Ronnefeldt Mitarbeiter von Hotels als „Tea Master" geschult, wobei sie die nötigen Kenntnisse erwerben. Der Boden, das Wetter und die Verarbeitung sind entscheidend für die Qualität des Tees, ähnlich wie beim Wein. Massentees werden maschinell verarbeitet. Qualitätstees erfordern wegen des längeren Trocknungsprozesses Geduld und Handarbeit. Die edelsten Teesorten gedeihen in Hochlagen von 800 bis 2.100 Metern Höhe in Darjeeling, an den Südhängen des Himalaya. Darjeeling gilt als der Champagner der Tees. Das Klima dort hemmt das Wachstum der Teepflanze, weshalb die Blätter klein bleiben und der Ernteertrag relativ gering ausfällt, was sich natürlich im Preis niederschlägt. Der erste Tee nach der Winterpause ist der „first flush" („erster Trieb"), der Aufguss ist hell und das Aroma zart. Von Ende Mai bis Mitte Juli wird der „second flush" („zweiter Trieb") geerntet, ein würziger Tee mit dunklerem Aufguss. August, September und Oktober sind der Ernte der „bread and butter teas" gewidmet, einer guten Gebrauchsqualität.

Darjeeling benachbart ist Assam, das größte zusammenhängende Teeanbaugebiet der Welt. Durch das subtropische Klima entsteht hier ein kräftiger Tee, der auch für hartes Wasser geeignet ist. Assam ist Bestandteil von Ostfriesentees. Friesische Seefahrer, die auf holländischen Schiffen die Meere befuhren, brachten den Tee aus Asien mit in ihre Heimat. Er wird gern mit Kluntje (Kandis), Sahne (für das „Wölkchen") oder Rum genossen.

Größter Schwarztee-Exporteur der Welt ist Sri Lanka, das in der englischen Kolonialzeit Ceylon hieß. Beim Tee hat sich der Name „Ceylon" gehalten. Dort gibt es drei Anbaugebiete: Uva im Osten, Dimbala im Westen und dazwischen Nuwara-Eliya. Wegen des Monsunregens kann nicht immer gepflückt werden, lediglich in der Inselmitte ist ganzjährig Erntezeit.

Aus Formosa stammt eine besondere Spezialität: der Oolong, ein halbfermentierter Tee, d. h., wenn der Blattrand oxydiert, die Blattmitte aber noch grün ist, wird der Fermentierungsprozess abgebrochen. Geschmacklich ist der Oolong zwischen grünem und schwarzem Tee einzuordnen.

Hervorragende grüne Tees stammen u. a. aus Anbaugebieten in Indien, China und Japan. Diese Tees sind unfermentiert, durch Hitzezufuhr wird der Gärungsprozess verhindert, sodass der Tee seine ursprüngliche Farbe behält. Es gibt unterschiedliche Verfahren, um die Fermentation zu unterbinden. In China geschieht es durch die Pfannenröstung: Die gewelkten Blätter werden in eisernen Pfannen für etwa 10 Sekunden auf 280 Grad Celsius erhitzt. In Japan kommt heißer Dampf zum Einsatz. Der Tee wird in Gittertrommeln über Behältern mit Wasser gehängt, das so stark erhitzt wird, dass es verdampft. Mindestens zwei Minuten wird der Tee diesem Dampf ausgesetzt.

Bis in die 1990er-Jahre konzentrierte man sich auf lose Blatttees, dann wandte man sich auch Tee in Beuteln zu. Ronnefeldt entwickelte einen besonderen Beutel: den „Tea-Caddy", einen schlauchförmigen Beutel, der den Blättern genügend Platz bietet, damit sich das Aroma gut entfalten kann. Die Tatsache, dass der „Tea-Caddy" kopiert wurde, zeugt von seiner Qualität. Auch im „Teavelope", einem Aufgussbeutel mit Aromaversiegelung, bei dem der Aufgussbeutel in einer Folie steckt, bleibt das Aroma erhalten. Bei den Beuteltees wird ebenfalls nur Spitzenqualität verwendet. Inzwischen gibt es auch Tee in Kapseln.

Zahlreiche Teeliebhaber genießen ihren Tee aus der Kippkanne, die das Haus Ronnefeldt entwickelt hat.

Man legt die Kanne waagerecht hin und füllt die Teeblätter in die vorgesehene Kammer ein, übergießt sie mit Wasser und bringt die Kanne in eine schräge Position, nach der Ziehzeit stellt man die Kanne aufrecht hin und kann den Tee genießen. Dadurch, dass die Blätter in der oberen Kammer bleiben, benötigt man weder Sieb noch eine zweite Kanne zum Aufbrühen.

Die von Ronnefeldt entwickelte Kippkanne.

Durch die geschickte Einteilung braucht man kein Teesieb.

Wacker's Kaffee

Wenn man am Kornmarkt vorbeigeht, fallen einem sofort die langen Schlangen vor der Hausnummer 9 auf: Hier stehen Kaffeeliebhaber geduldig an, um einen Kaffee bei Wacker zu ordern. Der betörende Duft gelangt bis auf die Straße und zur gegenüberliegenden „Kaffeemauer", wo sich zu jeder Jahreszeit bei Wind und Wetter Freunde des Kaffees einfinden, um ihr Lieblingsgetränk zu genießen.

„Wacker's Kaffee" ist eine Institution in Frankfurt, die auf eine lange Tradition zurückblicken kann. Den Grundstein dazu legte Luise Wacker, die aus dem Schwäbischen stammte und 1911 nach Frankfurt kam. Ihr Vater war Schmied und die Mutter ein Allroundtalent: Sie betrieb in Biberach nicht nur die Dorfwäscherei, sondern auch einen Laden, die Post und eine Schnapsbrennerei. Die aufgeschlossenen Eltern

„Wacker's Kaffee" am Kornmarkt.

ermöglichten Luise einen Aufenthalt als Au-pair in England, wo sie die englische Sprache erlernen konnte, denn sie plante, in die USA auszuwandern. Doch es sollte anders kommen. Zunächst absolvierte sie eine Ausbildung in einem Frankfurter Feinkosthandel und kurze Zeit später führte ein Spaziergang dazu, dass sie ihren Plan aufgab. Sie entdeckte an der Ecke Kornmarkt/Bleidenstraße ein leer stehendes Geschäft, das ihr gefiel. Sie bat ihren Vater um Startkapital für ein eigenes Geschäft. 1914 begann die Geschichte von „Wacker's Kaffee". Vier Jahre später heiratete die Firmengründerin den aus Russland stammenden Jakob Slutzky, der sie unterstützte, allerdings aus politischen Gründen in den 1930er-Jahren in die USA emigrierte und erst nach dem Zweiten Weltkrieg zurückkehren konnte. Aus der Ehe gingen drei Kinder hervor, die jüngste Tochter Margarete (1922–2017) unterstützte ihre Mutter nach Kräften. Als während des Krieges kein Kaffee zu bekommen war, handelte man mit Lebensmitteln aus der schwäbischen Heimat. In der Schicksalsnacht 22./23. März 1944 wurde auch das Geschäft von Luise Wacker zerstört. Daraufhin ging die Familie nach Bad Soden und betrieb dort einen Laden mit Rösterei. Luise war eine tatkräftige Person, die sich von Problemen nicht unterkriegen ließ. Zeitweilig unterhielt sie sogar Fuhrwerke, deren Dienste sie anbot. 1955 erfolgte der Umzug nach Frankfurt, wo sie ein Geschäft am Kornmarkt 9 – dem heutigen Sitz des Stammhauses – eröffnete. Es war eines der drei ersten Häuser, die nach der Kriegszerstörung wieder aufgebaut worden waren. Wenig später gehörte Luise zu den ersten, die eine italienische Espressomaschine der Marke Gaggia erwarben, die bei den italienischen „Gastarbeitern" Erinnerungen an die Heimat weckte. Endlich mussten sie nicht mehr auf ihren geliebten Espresso verzichten. Nach dem Tod der Firmengründerin im Jahr 1976 übernahm Tochter Margarete das Ruder. Sie war in einem Schweizer Internat unterrichtet worden und hatte einige Zeit in einer französischen Pastorenfamilie verbracht, was ihren Sprachkenntnissen zugutekam. Schon früh war sie sich im Klaren darüber, dass sie die Firma übernehmen wollte. Sie bereiste die Anbauländer der Kaffeesorten, die im Geschäft vertrieben wurden, arbeitete als Pflückerin in Venezuela und machte sich von Grund auf mit dem Produkt „Kaffee" vertraut. „Bewahren und behutsam weiterentwickeln" war die Devise von Margarete Zülch, wie sie nach ihrer Heirat hieß. Das Erfolgsrezept sollte aufgehen. Heute ist Wacker neben dem Stammhaus am Kornmarkt noch in Fechenheim (Rösterei), im Nordend, Westend, in Bornheim und Sachsenhausen vertreten. Schon Luise Wacker hatte die Kaffeebohnen selbst geröstet, sehr publikumswirksam im Schaufenster, wobei das Abluftrohr auf die Straße hinausging, sodass der Duft Lust auf einen frisch aufgebrühten Kaffee machte. Sie hatte sich eigens aus Hamburg eine Maschine bestellt, mit der sie zwei Kilogramm rösten konnte. Heute geht es um andere Mengen, in zwei Maschinen können bis zu 1.000 Kilogramm pro Tag geröstet werden. „Frisch geröstet" ist ein Markenzeichen bei Wacker: Der Kaffee, der in den Verkauf oder Ausschank kommt, wurde in den letzten 24 Stunden geröstet, es wird nicht auf Vorrat geröstet. Man wendet die Langzeitröstung an, d. h., die Bohnen werden mindestens 15 Minuten (oft auch länger) der 200 bis 220 Grad Celsius heißen Luft ausgesetzt, was sich positiv auf das Aroma auswirkt. Industriell hergestellter Kaffee wird oft nur zwei bis drei Minuten bei einer Temperatur von 350 Grad Celsius geröstet. Zur Verarbeitung bei Wacker kommt nur Spitzenware aus den besten Anbaugebieten wie der Hochland Arabica, der im Schattenwald heranwächst und Ende Dezember von Hand gepflückt wird. Bei Billigware handelt es sich nicht um Hochlandware, der Kaffee wird auch nicht von Hand geerntet, sondern „gestrippt", d. h., maschinell geerntet. Bis ins Hochland kommen die Geräte nicht, was bedeutet, dass bei Billigware sowohl junge wie auch alte Bohnen zusammen verarbeitet werden und somit kein Spitzenaroma erzielt werden kann. Der Rohkaffee muss einen frischen Duft verbreiten und die Bohnen dürfen keine gelbe Farbe haben, denn dann handelt es sich um eine alte Ernte, in der Kaffeesprache auch „alter Segler" genannt.

Die Methoden der Kaffeezubereitung sind vielfältig, ob von Hand oder mit unterschiedlichen Maschinen. Kaffeetester gehen folgendermaßen vor: Das Kaffeepulver wird in die Kanne gegeben, pro Tasse einen Löffel, zusätzlich für die Kanne einen Löffel, dann wird es mit kochendem Wasser überbrüht und umgerührt, nach einer Weile noch einmal umrühren, aber nur im oberen Bereich. Das Kaffeepulver setzt sich ab und nun kann probiert werden. Filter oder Maschinen würden den Geschmack verfälschen.

Da die hervorragende Qualität des Wacker-Kaffees rasch bekannt wurde, kam es zu Nachfragen aus der Gastronomie, ob man diesen Kaffee ausschenken dürfe. Zunächst gab es Bedenken, ob eine Zusage nicht den eigenen Absatz schmälern würde, schließlich wurde die Zusage jedoch erteilt und somit werben viele Cafés damit, dass bei ihnen Kaffee von Wacker ausgeschenkt wird. Das am weitesten entfernte Café mit Wackers Kaffee im Angebot befindet sich in Potsdam, wo auch Günther Jauch diesem Getränk sehr zugetan ist. Es gab sogar eine Frage bei „Wer wird Millionär?" dazu. „Wacker's Kaffee" hätte Filialen in Japan und Korea eröffnen können, die USA und Golfstaaten fragten nach der Firmenphilosophie, aber das Haus blieb bei seinem überschaubaren Rahmen. Der Erfolg gibt ihm recht, selbst amerikanische Ketten, die auch in Frankfurt mehrfach vertreten sind, stellen keine Konkurrenz dar. Die Kunden, zu denen auch Prominente wie Bernhard Grzimek und Loriot zählten, schätzen das heimelige Ambiente mit den messingfarbenen Bohnenschütten und den Kaffeesäcken, das auch nach dem Umbau erhalten blieb. Der Seniorchefin Margarete Zülch, die im Jahr 2017 verstarb und bis ins hohe Alter hinein die Buchhaltung führte, war es immer wichtig, ohne Schnickschnack auszukommen. Das, was zum Kaffee passt und der Familie selbst schmeckt, wird angeboten: hochwertige Schokolade, englische Marmeladen und Gebäck. Mittlerweile können die Kunden über 40 Sorten Kaffee und Espresso aus Tassen genießen, die das braune Logo von Wacker zieren: eine Kaffeepflanze und die Initialen von Luise Wacker.

Inzwischen lenken die dritte und vierte Generation der Familie die Geschicke der Firma: Tochter Angelika und Sohn Hans sind nach Umwegen in das Geschäft eingestiegen und auch deren Kinder arbeiten nun mit. Ihnen allen ist der Grundsatz von Luise Wacker eine Verpflichtung: „Denken Sie bitte an unser oberstes Gebot – seine Majestät der Kunde!"

Tasse von Wacker.

Cafés

Vermutlich denkt man im Zusammenhang mit der Stadt Frankfurt nicht unbedingt an Kaffeehauskultur und doch hat es sie gegeben. Der Ursprung der Kaffeehauskultur findet sich in Wien und ist eng mit dem Namen Franz Georg Kolschitzky verbunden, der aus der Nähe von Lemberg stammte und 1656 nach Wien kam. Er war äußerst sprachbegabt, arbeitete als Dolmetscher sowie für die Orientalische Handelskompagnie, weshalb ihn Reisen auch in zahlreiche arabische Länder führten, ehe er sich dauerhaft in Wien niederließ. Während der Belagerung von Wien durch die Türken im Jahr 1683 trug er maßgeblich dazu bei, dass die Türken vertrieben wurden, da er als Spion wichtige Informationen über andere Heere, die zu Hilfe eilen sollten, erhielt. Mit diesen Informationen gelang es den Wiener Truppen, durchzuhalten und die Belagerung letztendlich zu beenden. Als die Türken die Stadt schließlich überstürzt verließen, konnten sie nicht alle Besitztümer mitnehmen, so blieben 500 Säcke mit Kaffeebohnen zurück, die viele für wertlos hielten, weil man dachte, es handle sich um Kamelfutter. Der Legende nach soll Kolschitzky diese Säcke als Belohnung erbeten – er wusste schließlich um den Inhalt – und das erste Wiener Kaffeehaus eröffnet haben. Die Quellenlage ist allerdings nicht eindeutig, in jedem Fall war Kolschitzky Mitbegründer der Kaffeehauskultur in Wien. Überliefert ist, dass er wohl die Wiener Melange erfunden hat, denn die Wiener mochten den Kaffee nach türkischer Art nicht, er war ihnen zu bitter, also hat Kolschitzky Milch oder „Schlagobers" hinzugefügt. Von Wien gelangte dieses Konzept in die Länder der Habsburger Monarchie und begann sich zu verbreiten. Im Kaffeehaus konnte man Geselligkeit genießen, Zeitung lesen, Nachrichten austauschen oder erfahren und sich kulinarischen Genüssen vom Frühstück bis zum Abendessen hingeben, ein Konzept, das sich als äußerst erfolgreich erwies.

Café Milani

In Frankfurt sollte es bis zum 19. Jahrhundert dauern, bis die klassischen Kaffeehäuser auch hier bekannt wurden, was mit dem Einfluss Österreichs in der Zeit des Deutschen Bundes zu tun hatte. Zu den Pionieren der Kaffeehausbetreiber gehörte der Italiener Christian Joseph Milani, der im April 1848 um die Erlaubnis bat, ein Kaffeehaus zu eröffnen. Als Standort hatte er sich ein Gebäude an der Ecke Biebergasse/Paradeplatz (so nannte man den Platz vor der Hauptwache vom 18. Jahrhundert an) ausgesucht, doch daraus wurde nichts. Im folgenden Jahr konnte er jedoch an der Ecke Salzhaus/Kaiserstraße eines der ersten Kaffeehäuser Frankfurts eröffnen, das sich zu einem bedeutenden Treffpunkt der ultra-rechten Gruppierung der Paulskirchenversammlung entwickeln sollte. Politische Parteien gab es noch nicht, so benannte man sich nach dem Stammlokal „Café Milani". Es galten strenge Regeln: Man musste Frack tragen und das Rauchen war verboten. Nach einem Standortwechsel an die Kalbächer Gasse, wo man dem Café „Pariser Flair" attestierte, erfolgte 1874 ein Umzug auf die Zeil (heute Kaufhof), wo im Erdgeschoss und ersten Stock rund 300 Gäste bewirtet werden konnten. Das Angebot an Tageszeitungen und Illustrierten wurde gelobt, der Damensalon war gut frequentiert und das Café wurde von vielen Geschäftsleuten aufgesucht. Als das Gebäude abgerissen wurde, erfolgte ein Umzug an die Ecke Biebergasse/Schillerstraße, wo das Café bis zum Tod von Adolf Milani, dem Sohn des Gründers, bis 1931 betrieben wurde.

Café Hauptwache

Im Dezember 1905 begann die Ära des „Cafés Hauptwache", ein Gebäude mit einer bewegten Geschichte. Der Bau war 1730 von Johann Jakob Samheimer als Ersatz für ein kleines Wachlokal errichtet worden und diente der Stadtwehr auch als Gefängnis. Im April 1833 war es Schauplatz eines historischen Ereignisses: Das Wachgebäude wurde von Freiheitskämpfern gestürmt, die für ihre demokratischen Rechte eintraten und anschließend das Palais Thurn und Taxis stürmen wollten, um einen Reformstaat auszurufen. Die Bestrebungen wurden durch das Militär ausgebremst und die Demonstranten verhaftet, das politische Klima verschlechterte sich. Als das Wachlokal zum Taunustor verlegt wurde, funktionierte man die Hauptwache um. In der „Kleinen Presse" wurde von einer Restaurationsterrasse berichtet, und die alten Türen der Wache mit ihren Paneelen sollten restauriert werden. Die verschiedenen Räumlichkeiten im Erdgeschoss, die den Wachhabenden als Aufenthaltsort gedient hatten, wurden zu einem großen Raum zusammengefasst, ein ehemaliger Verhörraum wurde zum Raucherzimmer und im ersten Stock, wo u. a. auch Erasmus Senckenberg 26 Jahre inhaftiert war, wurden ein Nichtraucher- sowie ein Damenzimmer eingerichtet, Letzteres im damals angesagten Schäferstil in Anlehnung an die Feste der höfischen Gesellschaft in Verkleidung, um eine idealisierte Welt im Einklang mit der Natur darzustellen. Im Untergeschoss, wo sich das „Schanzerloch" (Verlies) befand, dessen Bekanntschaft auch der Schinderhannes gemacht hatte, wurden nun

Garderobe und Toiletten untergebracht. An der rückwärtigen Seite des Gebäudes traf sich nachmittags das Bürgertum zum Plausch. Hier saß man an der Quelle, wenn es um Neuigkeiten ging, trafen doch an der Hauptwache die Extrablätter von der „Frankfurter Zeitung" (Vorläufer der „Frankfurter Allgemeinen Zeitung") als Erstes ein, weshalb sich viele Journalisten gern hier aufhielten. Kaffee wurde im Glas serviert, neben zahlreichen leckeren Torten gab es Charlotte russe und Eier im Glas. Zeitweilig waren sechs Konditoren damit beschäftigt, die süßen Träume zu verwirklichen. Geöffnet war von 7 bis 2 Uhr morgens.

Das Café wurde gut angenommen und im Volksmund kursierten bald folgende Verse:

„Wo Soldaten Posten standen,
essen Onkels nun und Tanten
Eis, auch Kuchen und Konfekt,
was doch gar vortrefflich schmeckt."

Das Publikum war gemischt, es reichte von Junggesellen, die sich ihr Frühstück nicht selbst zubereiten wollten, bis zu den Börsenmaklern, Damengrüppchen oder Journalisten.

Auf dem Platz neben dem Gebäude gab es den Pranger und den Schandesel, die allerdings zum Zeitpunkt der Umwandlung in ein Café bereits abgeschafft waren.

Das „Café Hauptwache" ist auch heute noch ein beliebter Treffpunkt.

1944 wurde die Hauptwache fast völlig zerstört, in den 1950er-Jahren erfolgte ein vereinfachter Wiederaufbau, der im Zuge des U-Bahn-Baus abgetragen und eingelagert wurde, ehe er nach Vollendung des Verkehrsknotenpunkts wieder errichtet wurde, wobei man die Position ein wenig veränderte.

Café Rumpelmayer

An der Gallusanlage 2 befand sich ab 1911 das „Café Bütschly-Rumpelmayer", das acht Jahre später unter dem Namen „Café Rumpelmayer" firmierte. Dieses beliebte Café ging zurück auf den Zuckerbäcker Anton Rumpelmayer, der in Baden-Baden, Mannheim, Bad Nauheim, Berlin, Nizza, Monte Carlo und Aix-les-Bains tätig war. Kaiserin Elisabeth von Österreich-Ungarn weilte öfter in der Gegend von Aix und machte Bekanntschaft mit seinen Leckereien. Als Rumpelmayer sich dann am Wiener Hof als Zuckerbäcker bewarb, erteilte ihm die Kaiserin im Jahr 1896 die Zusage. Des Weiteren wurde er sowohl badischer wie auch sächsischer Hoflieferant.

In Frankfurt befand sich das Café im Erdgeschoss des ehemaligen Hotels „Fürstenhof-Esplanade", ein Grand Hotel, das kurze Zeit nach der Eröffnung wieder schließen musste, das Café jedoch hielt sich bis nach dem Zweiten Weltkrieg. Dadurch, dass es in Sichtweite des Schauspielhauses lag, entwickelte es

Bei „Rumpelmayer" ließ es sich in angenehmer Atmosphäre plaudern.

sich zum Treffpunkt für Schauspieler und Theaterkritiker. Klangvolle Namen wie Mathilde Einzig, Toni Impekoven und Bühnenbildner Caspar Neher verkehrten hier. Live-Musik zog viele Besucher an. Nach dem Zweiten Weltkrieg betrieben die Amerikaner hier einen „County Club" für „better people" und „upper army officers" und die Engländer später den „St. George's Club". 1950 bekam das „Rumpelmayer" wieder einen deutschen Besitzer, es konnte aber nicht mehr an den Erfolg der Anfangszeit anknüpfen.

Rumpelmayer betrieb zahlreiche Cafés selbst oder als Franchising. Die Londoner Filiale in der St. James Street fand sogar Erwähnung in der Literatur, in „Mrs. Dalloway" von Virginia Woolf wird der Lieferservice mehrmals angesprochen. Am Central Park in New York war Rumpelmayer mit einer Filiale im Art-Déco-Stil im „Hotel Moritz" vertreten, die 1990 ihre Pforten zusammen mit dem Hotel schloss.

Café Laumer

Ein nicht minder traditionsreiches – und noch existierendes – Café ist das „Café Laumer", eine Institution im Frankfurter Westend. Seine Geschichte begann im Jahr 1919 an der Ecke Eschersheimer Landstraße/Fichardstraße, als der Konditor Laumer, der wie andere aus politischen Gründen von Elsass-Lothringen nach Frankfurt gekommen war, dort ein Café eröffnete. In der Nähe befand sich der Hessische Rundfunk (heute Musikhochschule), dessen Mitarbeiter gern im Café verkehrten. 1925 erwarb Laumer die Westendvilla an der Bockenheimer Landstraße 67, in der sich das Café bis heute befindet. Nach anfänglicher Zurückhaltung der Westend-Bewohner, die eine Einrichtung dieser Art zunächst ablehnten, konnte es sich behaupten, da man feststellte, dass es sich um ein „anständiges Etablissement" handelte. Hier waren jedoch nicht nur die vornehmen Bewohner des Frankfurter Westends zu Gast, auch Mitglieder der Widerstandsgruppe „Lupus", benannt nach einem Hauptmann mit dem Namen Wolf, die bis zum 20. Juli 1944 aktiv war, trafen sich im „Laumer". Im Zweiten Weltkrieg wurde das Gebäude in Mitleidenschaft gezogen, aber schon 1947 fand die Wiedereröffnung statt. Am 9. Oktober 1950 konnte man in der „Neuen Presse" lesen, dass die Inneneinrichtung eher einer gediegenen Wohnung als einem Gastbetrieb gleiche. Neben dem späteren Bundeskanzler Helmut Kohl, der in den 1950er-Jahren in Frankfurt Jura studierte, waren auch die Vertreter der Frankfurter Schule hier anzutreffen: Herbert Marcuse, Theodor W. Adorno und Max Horkheimer, was dem Café den Spitznamen „Café Marx" eintrug. In der Zeit der Studentenunruhen ging es auch im „Café Laumer" hoch her: Rainer Langhans und Fritz Teufel sorgten für turbulente Szenen, als sie mit Tortenstücken um sich warfen.

Für Kuchenliebhaber ist das „Laumer“ eine gute Adresse.

Auch die lokale Hippie-Szene fand Gefallen am „Café Laumer“. Im Jahr 1968 bestand für kurze Zeit neben dem „Hotel Palmenhof“ in der Bockenheimer Landstraße 87 ein Laden mit dem verheißungsvollen Namen „Heidi-loves-you-shop“, in dem es so ziemlich alles gab, was man als Hippie benötigte. Betrieben wurde er von Paul Gerhard Hübsch, der sich in Anlehnung an die Initialen seiner Vornamen „Pidschi“ nannte, und seiner Freundin Heidi. Hübsch betätigte sich literarisch und fand es mit seinen Gefährten offenbar angemessen, nach einer durchwachten Nacht im „Café Laumer“ zu frühstücken, was den Betreibern gar nicht gefiel. Den potenziellen Gästen wurde beschieden, dass sie „in diesem Aufzug“ nicht bedient würden. Es kam zu Tumulten, in deren Folge die Polizei auftauchte und Hübsch mitnahm.

In den 1980er-Jahren war das „Café Laumer“ während der Buchmesse erklärter Treffpunkt des Rowohlt Verlages, was einen weiteren Spitznamen hinterließ: „Café Rowohlt“.

Eis-Café Wipra

Ein weiteres Café, dass nicht nur Frankfurter, sondern auch Besucher begeisterte, war das „Eis-Café Wipra", das auch als „Café der Tierfreunde" bekannt war. In den 1950er-Jahren war es DIE Attraktion, denn es gab ein Papageienzimmer, Japanzimmer und einen Wintergarten, die zum Verweilen einluden. Ferner konnte man Pinselohräffchen, Kapuzineraffen und Fische in einem Aquarium bestaunen. All das vermittelte mit exotischen Pflanzen ein ganz besonderes Flair. Anfangs nahm das Café nur das Erdgeschoss eines zerbombten Hauses in der Neuen Kräme (auf Höhe des heutigen Maggi-Kochstudios) ein, später wurde es aufgestockt. Nicht nur ältere Damen, auch verliebte Pärchen gaben sich hier in diesem außergewöhnlichen Ambiente ein Stelldichein. 1965 hielt der Frankfurter Katzenschutzverein hier eine Versammlung ab. Heute würden Tierschützer gegen eine solche Einrichtung Sturm laufen, denn die Tiere waren gnadenlos dem Lärm und Zigarettenqualm der Gäste ausgesetzt. Neue Hygieneanforderungen, die der Betreiber nicht umsetzen konnte oder wollte, führten letztlich zur Schließung.

Innenansichten des „Cafés Wipra".

Auch die Terrasse des Cafés war sehr beliebt.

Auch das „Eis-Café Wipra“ hat Eingang in die Literatur gefunden: Stefanie Zweig lässt in ihrem Roman „Irgendwo in Deutschland“ die Hauptakteure Jettel und Walter in das Café in der Nähe des Liebfrauenberges einkehren, wo sie Mohnkuchen verzehren. Ihrer Meinung nach gab es nur dort guten Mohnkuchen, denn die Betreiber seien schließlich aus Schlesien und wüssten, dass der Mohn zweimal gemahlen und dann in Milch eingeweicht werden müsse, ehe er weiterverarbeitet werden könne.

Bitter & Zart

Zu den neueren Cafés gehört das „Bitter & Zart“ in der Braubachstraße, das nach der erfolgreichen Gründung der Chocolaterie „Bitter & Zart“ eröffnet wurde. Die beiden Gründerinnen Gaby Fürstenberger und Sabine Seidel, beide aus der Möbelbranche kommend, hatten nach ihrem 40. Geburtstag die Idee, etwas Neues anzufangen. Es sollte ein Geschäft sein, das es in dieser Form noch nicht in Frankfurt gab und Kunden erlesene Produkte bietet. Da Schokolade bekanntlich glücklich macht und laut Statistik jeder Bundesdeutsche pro Jahr mehr als acht Kilogramm davon verzehrt, fiel die Wahl auf Süßwaren. Leider überzeugte dieses Konzept die

Hier wird nicht nur der Gaumen gekitzelt, auch das Auge wird erfreut.

Banken nicht, denn warum sollte ein Kunde viel Geld für handgeschöpfte Schokolade aus einer Manufaktur ausgeben, wenn er bei einem Discounter eine Tafel zu einem Preis von rund einem Euro bekommt. All dies entmutigte die beiden Frauen jedoch nicht, sie verfolgten ihre Idee beharrlich und baten schließlich Freunde und Familie um finanzielle Starthilfe in Höhe von etwa 80.000 Euro. Im Oktober 2003 war es dann so weit: In der Domstraße konnte die Chocolaterie „Bitter & Zart" eröffnet werden. In nostalgisch anmutendem Ambiente wurden in Glasvitrinen und -gläsern hochwertige Süßwaren angeboten: Pralinen aus England, Mandeln aus Frankreich, Trinkschokolade aus Amerika.

Das Konzept ging auf, schon bald schrieben die beiden Geschäftsfrauen schwarze Zahlen und erhielten 2004 den Gründerpreis (1. Platz). Die Juroren lobten die Zielstrebigkeit und das Gespür, eine Nische zu besetzen, die sich als erfolgreich erwiesen habe. Inzwischen kann der Kunde aus über 100 Sorten Pralinen, handgefertigten Bonbons, Lakritz, Gebäck, Trinkschokolade, Schokocremes, Marzipan und Nougat wählen, auch vegane Produkte sind im Angebot. Schließlich erfolgte der Umzug in die Braubachstraße,

Die Innenausstattung besticht durch einen besonderen Charme.

wo 2012 an das Geschäft ein Salon angeschlossen wurde. Auch hier blieben die beiden „Schokodamen", wie sie sich selber nennen, ihrem Konzept treu. Das Planungsbüro KnallGrau schuf den nostalgischen Rahmen für das Café bzw. den Salon. Entstanden ist ein Kaffeehaus im Stil der 1920er-Jahre, ein längere Zeit gehegter Traum der beiden Gründerinnen. Neben dem entsprechenden Mobiliar gibt es hübsche Details, die das Auge fesseln, wie Wanddekorationen, die ihre eigenen Geschichten erzählen.

Fruchtige Obsttorten, verschiedene Kuchensorten, darunter auch vegane Spezialitäten, eignen sich ebenso wie Macarons als Begleiter zu den Teespezialitäten aus Paris oder dem Kaffee, der von einer Firma eigens für „Bitter & Zart" geröstet wird. Pikante Quiches, Suppen, Limonaden und alkoholische Getränke gehören ebenfalls zum Angebot.

Dieser Rahmen eignet sich hervorragend für Veranstaltungen, die regelmäßig zahlreiche Besucher anziehen. So berichtete ein bekannter Chocolatier über seine Arbeit und seine Reisen oder es gab musikalische Darbietungen mit Swingmusik oder einer Burlesque-Tänzerin.

Frankfurter Lieblinge

Frankfurter Würstchen

Schlank und elegant, zierlich, aber prall und ohne Fältchen, zart besaitet, mit leicht gebräuntem Teint, angenehmes Äußeres, pikant und von hohem innerem Wert." So beschreibt der Frankfurter Lokalpatriot H.P. Müller die Frankfurter Würstchen, bei denen es sich – ganz unprosaisch – um eine dünne Brühwurst aus reinem Schweinefleisch im Saitling (Schafsdarm) handelt, die ihren charakteristischen Geschmack durch ein spezielles Räucherverfahren bei niedriger Temperatur erhält. Der Schafsdarm ist im Gegensatz zum Schweinedarm sehr zart, dünn und bekömmlich. Da er vielfach aus Persien oder sogar der Mongolei eingeführt wurde, war er natürlich auch teurer. Heute wird in manchen Betrieben auf den Naturdarm verzichtet, man füllt das Brät in sogenannte Eiweißsaitlinge, die künstlich hergestellt werden.

Die Geburtsstunde der Frankfurter Würstchen ist nicht ganz klar, überliefert ist aber, dass sie als Füllung der gebratenen Ochsen am Spieß bei Kaiserkrönungen verwendet wurden, so entstand der Name „Krönungswurst", den ein Frankfurter Gastronom in der neu erbauten Altstadt wieder aufgriff.

Bei der Krönung Maximilians II. im Jahr 1562 tauchen sie als „Bratwerscht" auf, wobei sich „Brat" oder „Brät" nicht auf die Zubereitung, sondern auf das Innere der Würste bezog, „Brät" als Füllsel. Im Geburtsjahr Goethes (1749), der später in seinen Briefen von Bratwürsten schreibt, wurde ein erstes Rezept gedruckt. Produktionsstätten waren vermutlich die Metzgerschirnen in der Altstadt. Hier gab es bis zu 150 Stände. Als im 19. Jahrhundert der Verzehr von Hammel, Lamm und Kalb zurückging, gewann die Schweinemast an Bedeutung. Bis zur Gewerbefreiheit war es den Metzgern gestattet, lediglich eine Sorte Fleisch zu verarbeiten. Da es zahlreiche Schweinemetzger gab, wurde die Anzahl der pro Woche zu schlachtenden Schweine streng reglementiert, damit die Arbeit gerecht verteilt wurde und alle davon leben konnten. In zahlreichen Belegen taucht der 18. Oktober als Beginn der Produktion von Frankfurter Würsten auf, weshalb sie gelegentlich auch als „Winterwürste" bezeichnet wurden. Da die Ware leicht verderblich war, bot sich die Herstellung in der kälteren Jahreszeit an, Fastnacht beendete dann die Produktion. Historisch ist das Datum von großer Bedeutung: So errangen die alliierten Truppen am

18. Oktober 1813 den entscheidenden Sieg über Napoleon in der Völkerschlacht bei Leipzig. Außerdem stellte die Konstitutionsergänzungsakte vom 18. Oktober 1816 bis zur Übernahme Preußens im Jahr 1866 die Verfassung der Stadt dar. Dass mit dem Produktionsbeginn dieser beiden wichtigen Daten gedacht wurde, lässt vielleicht auch Rückschlüsse auf den Stellenwert der Würstchen zu. Rasch erlangten sie große Beliebtheit und wurden an Kunden versandt. Dazu packte man jedes Würstchen nach dem Räuchern, was die Haltbarkeit erhöhte und für den typischen Geschmack sorgte, in Seidenpapier und legte sie in ein Holzkistchen, wodurch sie die früher charakteristische Vierkantform erhielten. Durch die Teilnahme der Frankfurter Metzger an Ausstellungen bestand bald auch große Nachfrage aus dem Ausland. Die Chicagoer Weltausstellung im Jahr 1893 war so ein Meilenstein, ebenso wie die 1. Internationale Kochkunstausstellung in Frankfurt (1895), wo die Produkte mit der höchsten Auszeichnung prämiert wurden. Nach dem Ersten Weltkrieg versuchten sich auch andernorts Metzger an der Herstellung der Frankfurter Würstchen – sehr zum Leidwesen der Frankfurter Metzger, die sich jedoch erfolgreich gegen die Konkurrenz wehrten. 1929 entschied das Berliner Kammergericht, dass nur Metzger aus dem Frankfurter Raum Frankfurter Würstchen vermarkten dürfen. Dieses Urteil wurde 1955 vom Bundesgerichtshof bestätigt. Werden sie andernorts gefertigt, muss es heißen „nach Frankfurter Art".

In vielen Quellen kann man lesen, dass der Franke Johann Georg Lahner, der im Jahr 1772 in Gasseldorf das Licht der Welt erblickte, zum Bekanntwerden des Frankfurter Würstchens in Wien beigetragen hätte. Nach dem Erlernen des Metzgerhandwerks in Frankfurt arbeitete er eine Zeit lang als Ruderknecht auf den Schiffen der Donau, ehe es ihn nach Wien verschlug, wo er eine eigene Metzgerei eröffnete und ab 1805 Würstchen herstellte, die er erst „Lahner Würste" und später „Frankfurter" nannte, da sie in Anlehnung an das Rezept, das er aus Frankfurt kannte, hergestellt wurden. Hierbei verwandte er allerdings nicht nur Schweinefleisch, sondern mischte es mit Rindfleisch. Diese Würste waren gewissermaßen eine Wiener Variante des Frankfurter Würstchens, die dort als Wiener Würstchen verkauft werden. Ob es wirklich Lahner war, der das Rezept abwandelte, ist nicht abschließend geklärt, denn im Wiener Appetit-Lexikon, einem Standardwerk zur Kulinarik, findet sich keine Erwähnung von Lahner zu dieser angeblich vielfach hochgelobten Delikatesse vom Anfang des 19. Jahrhunderts, was gewisse Zweifel am Wahrheitsgehalt der Geschichte zulässt. Wer in Wien „Wiener" bestellt, bekommt übrigens Wurstaufschnitt gereicht.

Frankfurter Würstchen treten immer als Paar auf. Sie dürfen nicht gekocht werden, man lässt sie lediglich acht Minuten ziehen und legt sie am besten auf einen angewärmten Teller. Dazu gibt es Senf oder Meerrettich. Wie diese Spezialität zu essen ist, beschreibt der Frankfurter Mundartdichter Friedrich Stoltze sehr anschaulich in seinem Gedicht „Die Bratworscht":

…

So e Brastworscht muß indesse
Jeder ohne Gawwel esse;
Nur die rechte Händ un linke
Sind als Gawwel mit finf Zinke
Noch gestatt – un des is gut
weil sich Kaans da steche dhut!
Un de Parrer und Soldate
Mediziner, Advokate,
Owwerlehrer un Professer,
Stadtamtmänner un Assesser
Un de ganze Hannelstand
Frißt sei Werschtche aus de Hand

…

Für den „Schlafrock" werden die Würstchen mit je einer Scheibe gekochtem Schinken und Käse umwickelt, in Blätterteig gepackt, mit Eigelb bestrichen und bei 180 Grad etwa 15 Minuten gebacken. Wenn sie goldbraun aus dem Ofen kommen, sind sie ein willkommener Snack, und man fühlt sich in die 1970er-Jahre zurückversetzt.

Frankfurter Würstchen „nackisch".

Zeppelinwurst

Eine nicht minder schmackhafte Spezialität ist die Zeppelinwurst, eine Leberwurst, die der Frankfurter Metzger Stephan Weiss kreierte. Weiss hatte als Soldat unter Graf Ferdinand von Zeppelin gedient, ehe er 1907 in der Frankfurter „Fressgass“ eine Metzgerei eröffnete, in der neben Schlachtprodukten aller Art auch Leberwurst angeboten wurde. Als 1909 die Internationale Luftfahrtausstellung (ILA) in Frankfurt stattfand, waren die Besucher fasziniert von der Flugschau, die den Traum vom Fliegen Wirklichkeit werden ließ. Die Begeisterung kannte keine Grenzen, als schließlich das Luftschiff LZ5 von Graf Zeppelin zu sehen war.

Der Zeppelin, wie das Luftschiff im Volksmund hieß, war in aller Munde, in der Modewelt wurden sogar Handtaschen in Form eines Zeppelins für die modebewusste Dame von Welt kreiert und auch Stephan Weiss sah seine Chance: Seine Leberwurst sollte fortan den Namen von Graf Zeppelin tragen. Dazu sandte er ihm eine Kostprobe und bat darum, sie mit seinem Namen vermarkten zu dürfen. Es heißt, der Graf, der sonst „jeder Reclame abhold“ war, habe diese Genehmigung unter der Bedingung erteilt, dass die Qualität stets gleich bleiben müsse. Noch heute ziert das Etikett dieser feinen Leberwurst, die es frisch geräuchert im Naturdarm

Der Zeppelin auf dem Rebstockgelände.

Zeppelinwurst – ein Genuss zum Abheben gut, wie es bei Weiss hieß.

oder aber konserviert im Glas gibt, ein Zeppelin. Beim Kauf der Wurst erhält man oft eine kleine Informationsschrift, die Aufschluss über den Namen gibt. Das Geheimnis der Rezeptur sind grob zerstoßene Gewürze, über die natürlich Stillschweigen bewahrt wird.

Handkäs

Auch für Käseliebhaber hat Frankfurt etwas zu bieten: den Handkäs, einen Sauermilchkäse, der durch Reifung aus Sauermilchquark entsteht. Zu den bekannten Sorten gehören der Harzer, im Volksmund auch Harzer Roller genannt, der Mainzer oder Quargel, wie die österreichischen Nachbarn diese Käseart bezeichnen. Ebenfalls ein Sauermilchkäse ist der Kochkäse, der durch Schmelzen von Sauermilchkäse entsteht, mit Kümmel gewürzt und in Bechern abgepackt verkauft wird. „Hessischer Handkäs(e)“ ist seit 2010 in der Europäischen Union als geschützte geografische Angabe (g. g. A.) eingetragen.

Auch wenn die Frankfurter Küche gelegentlich recht deftig daherkommt, so ist der Handkäs definitiv das Produkt für Liebhaber kalorienarmer Speisen. Sein Fettgehalt beträgt oftmals unter einem Prozent bei einem Eiweißgehalt von etwa 25 Prozent. Ein „Goldstück" von rund 62 Gramm schlägt gerade einmal mit 75 Kalorien zu Buche.

Der Handkäs trat vermutlich im Jahr 1813 in das Licht der Geschichte, denn es ist überliefert, dass eine Händlerin aus Groß-Gerau ihren von Hand geformten Käse, was ihm den Namen gab, auf dem Markt in Mainz verkaufte. 80 Jahre später erfand der Gastwirt und Unternehmer Peter Traiser – ebenfalls aus Groß-Gerau – eine Handkäs-Formmaschine, für die er ein Patent anmeldete. Nun konnten 2.900 Stück pro Stunde produziert werden, nach einer weiteren Optimierung der Maschine sogar 10.000 Stück. Hausfrauen stellten ihren Handkäs in Eigenregie in familienüblichen Mengen her. Hierzu bietet das Kochbuch von Davidis-Schulze, ein Standardwerk, einen guten Einblick (Zitat aus der Ausgabe von 1935):

„Quark-Handkäse

Frischer, krümelig-trockener Quark … wird mit wenig Salz und etwas Kümmel vermengt, in eine irdene Schale getan, erst in Leinentuch, dann in Wolldecke gehüllt und an warmer Stelle (Küchenschrank) stehen gelassen, bis seine Oberfläche glasig-gelbliche Fetthaut zeigt – meist 4–5 Tage. Die Masse wird mit Holzlöffel gut durchgeknetet, und dann mit der Hand zu flach-runden Käsen geformt, die auf großem Teller, gegen Zugluft geschützt, einige Tage liegen bleiben und täglich umgewandt werden. Sie sind reif, wenn sie ringsum glasig-gelbliche Fetthaut haben. Größere Mengen werden auf Brett, auch auf Stroh gelegt. Sollen sie länger verwahrt werden, sind sie in Steintopf zu packen und mit wenig Branntwein zu beträufeln. Sie werden dann ziemlich scharf."

Bei der maschinellen Herstellung lässt man den Sauermilchquark 10 bis 14 Tage reifen, er wird vermengt, bis eine homogene Masse entsteht, der u. a. Kochsalz zugefügt wird, bevor die Formung vorgenommen wird. Zwei Tage lagern die Käse dann bei 25 bis 30 Grad mit einer Luftfeuchtigkeit von 85 bis 90 Prozent im „Schwitzraum", bis sich eine trockene Haut (Kahmhaut) bildet. Die Käse werden mit Salzwasser oder auch Rotschmierekulturen besprüht und nach ein bis zwei Tagen verpackt. Anschließend ruhen sie nochmals bei 8 Grad für etwa 40 Tage. Viele Käseliebhaber mögen ihr „Goldstück" ganz „dorch", d. h. ohne sichtbaren weißen Kern im Innern, so ist es auch am bekömmlichsten.

Serviert wird der Handkäs mit Brot, Butter und einem Messer, auf die Gabel wird verzichtet. Man bestreicht die Scheibe Brot mit Butter, schneidet ein Stück vom Käse ab und legt es auf das Brot. Wird Handkäs „mit Musik" angeboten, bekommt man eine Marinade aus Essig, Öl, Zwiebeln, Pfeffer und Salz dazu, die oft noch mit einem Schuss Wasser, Wein oder Äppelwoi abgeschmeckt wird. Entweder lässt man

Handkäs – ein Snack für kalorienbewusste Käseliebhaber.

den Käse darin ziehen oder reicht die „Musik“ separat dazu, denn nicht jeder mag den Käse „nass“.

Worauf geht nun die Bezeichnung „Musik“ zurück? Dafür gibt es zwei Erklärungen: Die am häufigsten genannte besagt etwas Offensichtliches, nämlich dass die Musik durch die körpereigenen Geräusche nach dem Verzehr entsteht, eine andere, dass früher Essig- und Ölfläschchen beim Herumreichen bei Tisch aneinanderschlugen und so „Musik“ machten.

Grüne Soße

Die Frankfurter Küche bietet auch ein Gericht, das die Herzen von Vegetariern höherschlagen lässt: die Grüne Soße, deren Hauptzutat frische Kräuter sind. Wie wichtig diese Speise den Frankfurtern ist, beweist die Tatsache, dass es ein Grüne-Soße-Festival, ein Grüne-Soße-Denkmal und einen Verein gibt, der sich dem Schutz des Gerichts verschrieben hat. Sogar ein Kinder- und Jugendtheater hat sich nach ihr benannt, das TheaterGrueneSosse.

Schon im 6. Jahrhundert wies Benedict von Nursia in der Regula Benedicti (Kap. 66) darauf hin, dass alles Notwendige innerhalb der Klostermauern anzulegen sei, wozu natürlich auch ein Nutzgarten mit Kräutern gehörte. Im geschützten Umfeld der Klostermauern gediehen später auch andere Pflanzen, die erst durch den Fernhandel in nördliche Regionen gelangten. Mönche und Nonnen widmeten sich dem Studium der Pflanzen und nutzten sie zu Heilzwecken, wie der Antoniterorden, der zu einem bekannten Hospitalorden werden sollte, oder auch Hildegard von Bingen. Einen Eindruck von Kräutergärten der Klöster vermittelt der St. Gallener Klosterplan aus dem beginnenden 9. Jahrhundert. Auch Karl der Große förderte die Anlage von Gärten durch seine karolingische Verordnung aus dem Jahr 812, die eine beeindruckende Anzahl von Blumen, Gemüsesorten, Obst und Kräutern auflistet. Heute noch werden sogenannte Karlsgärten nach seinen Vorgaben angelegt. Was anfangs in Klostergärten gezogen wurde, gelangte mit zunehmendem Wissen der Bevölkerung auch in die heimischen Bauerngärten. Dass Kräuter nicht nur zu Heilzwecken verwendet werden können, sondern auch sonst schmackhaft sind und den Speiseplan bereichern können, hat man schon früh herausgefunden.

Seit wann es die Grüne Soße gibt, ist allerdings unklar. Es ist möglich, dass sie von den Römern aus dem Orient übernommen wurde, in den Frankfurter Raum kam sie vielleicht durch die Hugenotten, die im 17. Jahrhundert bei Hanau siedelten und eventuell die „sauce vert" aus ihrer französischen Heimat mitbrachten. Andere Erklärungen verweisen auf italienische Kaufleute, die im 18. Jahrhundert vermehrt in Frankfurt Fuß fassten, wie die Bolongaros, Bellinis oder Guaitas. In Italien wird die „salsa verde" traditionell zu „bollito mixto" (gemischter Fleischtopf aus dem Piemont) gereicht.

Im Kochbuch von Josepha Lorey, das 1833 erschien und den hübschen Untertitel „Die wohl unterrichtete und sich selbst belehrende Frankfurter Köchin" trägt, taucht lediglich eine Petersiliensauce auf, aber noch keine Grüne Soße. Das uns heute bekannte erste gedruckte Rezept der Frankfurter Variante der Grünen Soße stammt aus dem Jahr 1860 und findet sich in dem „Praktischen Frankfurter Kochbuch", das die Köchin Wilhelmine Rührig verfasst hat. Ihre Zutatenliste weist – anders als heute – insgesamt neun Kräuter auf: Portulak, Estragon (die in heutigen Rezepten fehlen) sowie Borretsch, Kerbel, Kresse, Pimpinelle, Sauerampfer, Petersilie und Schnittlauch, die die Grundlage für die Soße bilden. Je nach Rezept – es gibt eine Vielzahl an Varianten – werden diese Kräuter mit saurer Sahne, Schmand, Crème fraîche, Quark oder Joghurt vermischt, gewürzt und zu gekochten Eiern mit Salzkartoffeln gereicht. Ob die Kräuter ganz fein gewiegt oder grober belassen werden, daran scheiden sich die Geister. Die Nicht-Vegetarier lieben diese Speise mit Tafelspitz oder einem Schnitzel, das dann als Frankfurter Schnitzel mit Bratkartoffeln daherkommt. Saisonstart ist an Gründonnerstag. Im

Der Kunde bekommt die richtige Mischung der Kräuter für die Soße fertig abgepackt, auf dem weißen Einwickelpapier ist für Unkundige ein Rezept aufgedruckt.

Jahr 2018 stellte das Wetter die Kräutergärtner allerdings vor Probleme, da die Monate zuvor recht kalt und vor allem nass gewesen waren. Dadurch fiel die Ernte relativ gering aus, sodass teilweise Kräuter hinzugekauft werden mussten. Das ist aber nur zu einem gewissen Prozentsatz möglich, denn seit 2015 ist die Frankfurter Grüne Soße durch das EU-Gütesiegel „g. g. A." (geschützte geografische Angabe) geschützt, was bedeutet, dass die Kräutermischung zu mindestens 70 Prozent aus dem Frankfurter Raum kommen muss und die einzelnen Kräuter maximal 30 Prozent der Zusammensetzung ausmachen dürfen. Nach dieser Verordnung muss mindestens eine der Produktionsstufen (Erzeugung, Verarbeitung, Herstellung) im Herkunftsgebiet erfolgen. Auch die Zusammensetzung wurde durch diese Regelung nun amtlich. In die Frankfurter Grüne Soße gehören Kerbel, Borretsch, Sauerampfer, Pimpinelle, Schnittlauch, Petersilie und Kresse. Erreicht hatte die Auszeichnung der Verein zum Schutz der Frankfurter Grünen Soße, zu dem sich 15 Kräutergärtner zusammengeschlossen hatten. Vorausgegangen war dem ein

Das vom Regionalpark Rhein-Main finanzierte Denkmal in der Speckgasse gehört zur Kunst im öffentlichen Raum. Das Besondere daran ist, dass es einem Regionalgericht gewidmet ist. Ein Lehrpfad an den südlichen Gemüsefeldern informiert über die Kräuter.

Rechtsstreit mit einem Berliner Unternehmen, das ab 1993 ein Tiefkühlprodukt mit dem Namen „Frankfurter Grüne Soße" hergestellt und vertrieben hatte. Der Rechtsstreit endete mit einem Vergleich.

Im Zusammenhang mit der Grünen Soße muss ein Frankfurter Stadtteil besondere Erwähnung finden: Oberrad, auch als Frankfurts Gemüsegarten bezeichnet. Begünstigt durch das Klima ließen sich hier schon früh landwirtschaftliche Produkte anbauen und so weist eine Statistik Mitte des 19. Jahrhunderts über 200 Gärtner aus, die die größte Berufsgruppe darstellten. Auch heute findet man in Oberrad noch Felder und Treibhäuser, in denen nicht nur die Zutaten für die Grüne Soße heranwachsen. Seit 2007 steht hier auch das Denkmal für die Grüne Soße von Olga Schulz. Die aus Ludwigsburg stammende Künstlerin entwickelte dieses Denkmal, als sie Studentin an der Offenbacher Hochschule für Gestaltung war.

Jedem der sieben Kräuter ist ein eigenes kleines Treibhaus gewidmet, das nicht dem Anbau dient, sondern in dem ein Schriftzug auf die einzelnen Komponenten hinweist. Die Kräuter werden im Umfeld des Denkmals angebaut. Die Scheiben der Gewächshäuser bestehen aus Polycarbonat und wirken bei einsetzender Dämmerung unterschiedlich: Das Treibhaus für Kerbel erscheint dann gelb-grünlich, das für Schnittlauch eher blaugrün. Mit einsetzender Dämmerung werden die Häuser illuminiert, was sie besonders zur „Luminale“ zu einem beliebten Ziel macht.

Den unterschiedlichen Kräutern werden diverse Wirkungen nachgesagt: So kann man in alten Kräuterbüchern nachlesen, dass Borretsch belebe und „den eifrig Studierenden anzufeuern“ in der Lage sei. In Italien wird er gern als Füllung für Ravioli verwandt und dicke Blätter, in dünne Streifen geschnitten, würzen den Gurkensalat, weshalb Borretsch auch „Gurkenkraut“ genannt wird. Nicht nur die Blätter eignen sich zum Verzehr, auch die hübsch aussehenden Blüten können Salaten beigegeben werden. Eingefrorene Blüten in Eiswürfeln machen sich gut im Aperitif.

Kerbel, zur Gruppe der Doldenblütler gehörend, stammt ursprünglich aus Südosteuropa und ist von März bis August erhältlich. Dieses Kraut, das äußerst vitaminreich ist, wirkt entschlackend und anregend. In Suppen und Saucen sowie zusammen mit jungem Gemüse kommt es gut zur Geltung.

Kresse hat ein scharfes, dem Meerrettich ähnelndes Aroma und ist ganzjährig erhältlich, sie ist sogar problemlos auf der Fensterbank zu ziehen. Aus der ayurvedischen Heilkunst ist sie nicht wegzudenken, sie hilft u. a. bei Durchfall und Muskelschmerzen. Für die Vinaigrette eines Salates, aber auch für eine Mayonnaise-Sauce eignet sich Kresse hervorragend und sorgt für Frische.

Zu den am häufigsten verwendeten Küchenkräutern gehört sicherlich die Petersilie, wobei es zwei Arten gibt: die krause Petersilie, die sich gut für Dekorationszwecke eignet, und die glatte Petersilie zum Verzehr, denn sie ist die weitaus intensivere und gesündere der beiden. Die Stängel sollten durchaus mitverwendet werden, denn auch darin sind viele Vitamine enthalten. Vitamin A, Vitamine der B-Gruppe und Vitamin C zeichnen Petersilie aus, die blutreinigend sowie appetitanregend wirkt und sowohl die Leber- als auch die Nierentätigkeit aktiviert. Neben Folsäure liefert Petersilie uns wertvolle Mineralstoffe wie Calcium, Magnesium und Eisen. Die ätherischen Öle binden Gerüche und sorgen nach dem Kauen einiger Blätter für einen frischen Atem.

Zu den Kräutern mit dem höchsten Vitamin-C-Gehalt gehört die Pimpinelle. Im elisabethanischen England war sie aus der Küche nicht wegzudenken, bei uns wird sie eher sparsam verwendet und ist auch nicht einfach zu bekommen. In Frankreich und Italien kommt sie jedoch in größerem Maße zum Einsatz. Sie wird Suppen, Salaten, Fischgerichten und Eintöpfen beigegeben oder dient der Aromatisierung von Kaltgetränken. Auch dieses Kraut, das zur Gattung Wiesenknopf gehört, ist in der Heilkunde bekannt; es hilft bei Husten und Asthma.

Schnittlauch gehört mit der Schalotte zu den feinsten Mitgliedern der Zwiebelfamilie. Die Verwendung von Schnittlauch hat eine lange Tradition. Schon zur Zeit Karls des Großen wusste man um die Heilkraft, half Schnittlauch doch bei Magenbeschwerden und gegen Melancholie. Die ätherischen Öle lindern tatsächlich Magenprobleme und senken sogar den Blutdruck. Er passt hervorragend zu Eierspeisen, Suppen und Saucen. Die Blüten machen sich gut im Salat.

Sauerampfer zeichnet sich durch eine herb-frische Säure aus und harmoniert in einer Sauce gut mit Fisch, Lamm oder Kalbfleisch. Dieses Knöterichgewächs ist der Sehkraft förderlich und regt Herz- und Nierentätigkeit an.

Im Frühjahr des Jahres 2018 sorgte eine Nachricht in der „Frankfurter Rundschau“ bei Grüne-Soße-Fans für Aufsehen: In Heddernheim sei man bei Bauarbeiten

Grüne Soße

Zutaten

1 Paket mit sieben Kräutern
250 g Saure Sahne
1 Spritzer Zitronensaft
2 EL Mayonnaise
Etwas Senf
Prise Zucker
1 TL Sonnenblumenöl
Prise Salz

Zubereitung

Kräuter waschen, trocken tupfen und fein hacken, im Cutter weiter zerkleinern, mit den übrigen Zutaten abschmecken und zu neuen Kartoffeln, hart gekochten Eiern oder Tafelspitz reichen.

Grüne Soße – ein erfrischendes Gericht.

auf eine Sandsteintafel mit dem ältesten Grüne-Soße-Rezept der Welt gestoßen. Nach Angaben der Verfasser des Artikels handle es sich um ein Relikt aus römischer Zeit, das ganz klar im Limesdialekt verfasst sei. Schon hier ging es um die Frage: Dill ja oder nein? Diese Frage wurde angeblich eindeutig beantwortet, auf der Steintafel wurden alle, die Dill für die Soße verwenden, als Barbaren bezeichnet. Alle Aufregung und Euphorie legte sich jedoch rasch, denn diese Kunde erwies sich als netter April-Scherz, dessen Idee bei einem Grüne-Soße-Festival entstanden war!

Das Grüne-Soße-Festival hat sich im Veranstaltungskalender der Stadt Frankfurt einen festen Platz erobert, alljährlich treffen sich auf dem Roßmarkt Gastronomen, die um den Titel „Grüne-Soße-König“ kämpfen. Begonnen hat die Geschichte dieses Festivals mit einer zweitägigen Veranstaltung in einem recht überschaubaren Rahmen in der Brotfabrik, einem Ort der alternativen Kunstszene. Schon bei dieser Gelegenheit wurden die Teilnehmer mit Darbietungen unterhalten; heute erwartet die Besucher ein umfangreiches Unterhaltungsprogramm, das die Organisatoren, zu denen Maja Wolff alias Anton Le Goff und Torsten Müller gehören, auf die Beine stellen. 2018, dem elften Jahr des Festivals, waren es 49 Bewerber, die ihre Grüne Soße anboten und von den Gästen verkosten ließen. Unter den Teilnehmern waren traditionsreiche Apfelweingaststätten, aber auch Köche von Hotelküchen und Restaurants. Die sieben Tagessieger treten dann im Finale gegeneinander an, wobei die Herkunft der Wettbewerbsteilnehmer nicht nur auf den Frankfurter Raum beschränkt ist. 2018 stellten sich auch Köche aus Freiburg und Aachen dem Wettbewerb. Dass das Festival inzwischen auch international bekannt ist, beweisen die Tatsache, dass die New York Times es als besonderes Event in Deutschland erwähnt, aber auch Nachrichten an die Veranstalter, dass die Kunde vom Festival in Nepal angekommen sei.

Rund um das Festivalzelt sind Stände mit weiteren Verköstigungen im Zusammenhang mit der „Grie Soß“ angesiedelt: Von Wraps, Kartoffelpuffern, Lachsstreifen über sizilianische Arancini, Grüne Smoothies bis zu Flammkuchen reicht das Spektrum.

Inzwischen gibt es auch einen Nachwuchswettbewerb unter dem Titel „Grüne-Soße-Festival macht Schule“, bei dem rund 1.000 Schüler ihre Version der beliebten Speise einer Jury präsentieren und auf diese Weise ganz neue Erfahrungen gewinnen.

Die Veranstalter des Festivals hatten sich 2017 ein ganz ehrgeiziges Ziel gesetzt: Am 22. Juni 2017 sollte ein Weltrekord aufgestellt werden, dafür mussten in zwölf Stunden 231.775 Portionen Grüne Soße verzehrt werden. Die Veranstalter wollten Frankfurt in den Blickpunkt rücken und deutlich machen, dass die Stadt nicht nur eine nüchterne Finanzmetropole ist, sondern dass man hier zu leben und auch zu genießen weiß. Die Anzahl der Portionen legte das Rekord-Institut für Deutschland (RID) auf der Grundlage eines Wettbewerbs in Hamburg mit einem

Dieses Plakat hingegen zeigt, dass durchaus noch Aufklärungsbedarf besteht.

Pfannengericht fest. Wenngleich sich Großunternehmen beteiligten und Lufthansa allein 10.000 Portionen über den Wolken servierte, 600 Wohnsitzlose im Ratskeller mit Grüner Soße bewirtet wurden, Kitas und die Europäische Zentralbank teilnahmen, konnte der Rekord nicht erreicht werden. Mit 103.711 Portionen blieb man deutlich unter dem gesteckten Ziel, aber dennoch hat es den Beteiligten sicher geschmeckt und Spaß gemacht. Am 6. Juni 2019 kam man dem Rekord schon näher: Es wurden 181.096 Portionen ausgegeben. Auch die Menschenaffen im Frankfurter Zoo leisteten ihren Beitrag, denn sie bekamen das Gericht ebenfalls serviert.

Flüssiges

Wein

Frankfurt hat nicht nur für Apfelweintrinker etwas zu bieten, auch Freunde des Rebensafts kommen voll auf ihre Kosten, denn Frankfurt ist eine der wenigen Städte, die über einen Weinberg innerhalb des Stadtgebiets verfügen. Seit dem 9. Jahrhundert ist der Weinbau in Seckbach urkundlich belegt. In der zweiten Erwähnung von Seckbach ist die Rede von „3 Huben Land mit Weinbergen in Seckibah" („Hube", in Norddeutschland auch „Hufe" genannt, bezeichnete eine wirtschaftlich genutzte Fläche, ein Gut oder Flächenmaß, das regional variierte). Vermutlich ist der Weinbau

Weinbau am Lohrberger Hang.

aber sogar noch älter und geht auf die Römer zurück. Wein wird an der Südseite des gut 180 Meter hohen Lohrbergs angebaut. Das Areal gelangte im Zuge der Säkularisierung an die Stadt, woran Simon Moritz von Bethmann nicht ganz unbeteiligt war. Dem geschickten Diplomaten war es gelungen, im Rahmen des Reichsdeputationshauptschlusses (1803) die Souveränität der Stadt Frankfurt zu sichern. Nach Verzicht auf die Dörfer Soden und Sulzbach bekam Frankfurt Wirtschaftsgebäude und Weingüter des Karmeliter- und Dominikanerordens, wozu auch Anbaugebiete am Lohrberg, in Hochheim, Flörsheim und Hörstein gehörten. Die beiden Areale in Flörsheim und Hörsheim waren wirtschaftlich uninteressant, sodass sie rasch verkauft wurden, der Weinberg am Lohrberger Hang und die Flächen in Hochheim sind dagegen bis heute im Besitz der Stadt. Während der Amtszeit von Oberbürgermeister Adickes wurden die Weinberge, die anfangs von der Stadt bewirtschaftet wurden, vergrößert, sodass Frankfurt heute etwa 25 Hektar Anbaufläche sein Eigen nennen kann.

Der Lohrberger Hang umfasst etwa 1,3 Hektar und ist seit 1971 als östlichste Weinlage im Rheingau eingetragen. 23 Jahre später verpachtete die Stadt Frankfurt ihre Weinberge und lässt sie bis heute von einer traditionsreichen Winzerfamilie

Blick vom Weingut in der Aichgasse auf den Weinberg mit der Hochheimer Kirche.

Denkmal zu Ehren von Queen Victoria, die den guten „Hock“, wie sie den Hochheimer Wein nannte, auch zu schätzen wusste.

Der Winzerbrunnen befindet sich in der Taunusanlage.

bewirtschaften. Am Lohrberger Hang wird von Hand geerntet, die Lese von Freiwilligen hat Tradition, als Entlohnung gibt es eine deftige Brotzeit und die Verkostung der Weine des Vorjahres. In Hochheim dagegen kommt der Traubenvollernter zum Einsatz, der es ermöglicht, mit 5 km/h die Ernte in einem Tag einzubringen, bei der Lese von Hand wären rund 100 Helfer fünf bis sechs Wochen beschäftigt. Angebaut werden Riesling, Weiß- und Spätburgunder, Chardonnay und Cabernet Sauvignon. Die Weine werden trocken ausgebaut und erzielen bei der Hessischen Landesweinprämierung regelmäßig gute Auszeichnungen. Der Großteil des Weins lagert in Edelstahltanks, aber es kommen auch einige Barriquefässer, die bis zu 150 Jahre alt sind, zum Einsatz. Die Stadt Frankfurt ist Hauptabnehmer, bei Empfängen wird gern „Hochheimer Hölle“ oder „Lohrberger Hang“ ausgeschenkt. Zur Fußball-Weltmeisterschaft 2006 wurden zwei Weißweine und ein Rotwein mit offiziellem FIFA-Logo als WM-Wein von der FIFA vermarktet. Das Weingut befindet sich in der Hochheimer Altstadt, am Eingang weist der Frankfurter Adler auf den Eigentümer hin. Neben der Erzeugerhalle gibt es einen beeindruckenden Gewölbekeller und einen Saal, von dem man einen schönen Blick über die Weinberge hat; er wird gern für Hochzeiten und andere Feierlichkeiten angemietet.

Zu Ehren von Queen Victoria entstand in den Weinbergen von Hochheim ein Denkmal im neogotischen Stil, das einer Zinne des Windsor Castle nachempfunden wurde und das Wappen des britischen Empire aufweist. Das Königin-Victoria-Denkmal mit Wasserspeier wurde am 24. Mai 1854 – dem 35. Geburtstag von Queen Victoria – enthüllt.

Verkostet und erworben werden können Frankfurter Weine im Römer (Eingang von der Limpurgergasse 2).

In der Innenstadt gibt es ein Denkmal, das dem Wein gewidmet ist: den Winzerbrunnen, auch „Lachhannes“ genannt. Dieser Brunnen geht auf Johann Nepomuk Zwerger zurück (1859) und trägt die unmissverständliche Botschaft: „Gesegnet soll der Trunk uns sein: Das Wasser Euch und mir den Wein.“

Apfelwein

Das, was für den Münchner der Biergarten ist, ist für die Hessen die Apfelwein-„Werdschaft“, wo sie einen „Schoppe petzen“ oder die „Gorjel schwenken“, sprich ihr Lieblingsgetränk zu sich nehmen können.

Für das Frankfurter Nationalgetränk gibt es zahlreiche Namen: Apfelwein, Äpfelwein, Ebbelwei, Äppelwoi und auf neudeutsch sogar „Äppler“. Die Grundzutat – der Apfel – stammt ursprünglich aus Zentral- und Westasien. Etwa 10.000 v. Chr. wurde er in der Region des heutigen Kasachstan angebaut, der Name der dortigen Stadt

„Almaty“, was mit „Stadt des Apfels“ übersetzt werden kann, erinnert an den Anbau. Seit der Antike wurde der Apfel, der auf lateinisch „malum“ („das Böse“) heißt, weil er im Paradies zum Sündenfall geführt hatte, von den Griechen und Römern kultiviert. Er spielt eine Rolle in Mythen, Religionen und Märchen. Der Apfel gilt als Fruchtbarkeitssymbol und erscheint bei vielen Darstellungen des Jesuskindes, als Zeichen der Macht gilt der Reichsapfel. Ferner ist er neben vielen Wortschöpfungen (Adamsapfel, Zankapfel) in zahlreichen Redewendungen zu finden: „An apple a day keeps the doctor away“, „etwas wie seinen Augapfel hüten“, „der Apfel fällt nicht weit vom Stamm“, „in den sauren Apfel beißen“ oder „etwas für einen Apfel und ein Ei bekommen“.

Schon die Griechen und Römer wussten um die Herstellung von berauschenden Getränken aus Obst und Plinius schreibt über deren gesundheitsfördernde Wirkung. Im Frankfurter Raum ist es Karl dem Großen zu verdanken, dass die Produktion von Apfelwein begonnen wurde. In seinem Edikt „capitulare de villis“ (Kaptitel 45) heißt es, dass seine Verwalter in ihrem Umfeld für Menschen sorgen sollten, die in der Lage waren, Getränke dieser Art herzustellen. Er erließ zudem eine Verordnung zum Anbau von Apfelbäumen.

Der Lokalpatriot Adolf Stoltze würdigt Karl den Großen in einem Gedicht als Erfinder des Getränks:

Den Reichsappel in der Hand
Floh Kaiser Karl zum Mainesstrand.
Un hat, da er sehr abgehetzt,
sich uff den Appel da gesetzt.
Nadierlich aanzig aus Verseh,
denn so e Sitz is grad net schee.
Uff aamal awwer spiert er was
Un greift danach un is ganz nass
Un lutscht dann draa: Uij! Schmeckt des fei
Un kreischt dann: des is Äppelwei!
Gottlob, jetzt hat der Dorscht e End,
gleich morje nemm ich e Patent!

Der Frankfurter Raum stand im Mittelalter im Zeichen des klassischen Weinanbaus, was sich im 16. Jahrhundert ändern sollte: Klimatische Einwirkungen wie Hagelschlag und Temperaturveränderungen sowie Schädlingsbefall setzten den Reben zu. Des Weiteren erschwerte die Erbteilung, die zu immer kleineren Weinbergen führte, eine existenzsichernde Bewirtschaftung. Da der Wein nun aus dem Umland bezogen wurde, verteuerte er sich natürlich und war für die Allgemeinheit nicht mehr erschwinglich.

Das Kränzchen ist ein untrüglicher Hinweis auf den Ausschank von Apfelwein.

Da begann die Zeit des Apfelweins. Einfache Leute wie Gärtner, Küfer oder Weinbauern kelterten zunächst für den Eigenbedarf, woraus sich dann der öffentliche Ausschank entwickelte. Die Schankerlaubnis wurde draußen durch einen Fichtenkranz angezeigt, noch heute sagt man; „Wo's Kränzche hängt, wird ausgeschenkt."

Apfelwein entwickelte sich zum Volksgetränk – sehr zum Missfallen der Bierbrauer, die auf ihr Getränk eine Steuer zu entrichten hatten. Nach zahlreichen Beschwerden von ihnen wurde auch der Ausschank von Apfelwein steuerpflichtig. Nun zierte als Zeichen, dass Steuer entrichtet wurde, ein Apfel die Mitte des Fichtenkranzes. Zu kommerzieller Bedeutung gelangte das Getränk Mitte des 18. Jahrhunderts und im Laufe der Zeit nahm sie weiter zu. Man servierte dazu kleine Speisen, die oftmals in der Stube des Ausschenkenden gereicht wurden, wofür sich der Name „Heckenwirtschaft" einbürgerte. Darunter ist keineswegs eine Gartenwirtschaft zu verstehen, der Begriff leitet sich von den Häckern ab, die mit ihren Hacken den Boden bearbeiteten. Eine Milieustudie von Adolf Stoltze aus dem Jahr 1912 gibt uns einen guten Einblick: „In quetschender Enge sitzen auf lehnenlosen, harten Holzbänken, vom dicksten Tabakqualm umhüllt, Männer und Frauen, zuweilen auch Kinder, kauen und trinken, schwatzen und singen und freuen sich ihres Daseins. Alle Stände sind in einer Heckenwirtschaft vertreten, Kaufleute und Arbeiter, Doktoren und Beamte, Handwerker und Gelehrte, Künstler und Soldaten, Rentner und Sackträger – nur die Idiotengestalten der Gigerl, die sogenannten Lebemänner, und die Damen der Halbwelt fehlen."

Nachdem sich Apfelwein etabliert hatte, war es im Ersten Weltkrieg vorbei mit der Äppelwoi-Seligkeit, denn das Getränk galt als schädlich und Äpfel sollten auf andere Weise der Volksgesundheit dienen, doch man wusste sich zu helfen: Es entstanden sogenannte Apfelweinlogen, deren Mitglieder unter der Hand Obst kauften und für sich und ihre Mitglieder kelterten. Im Zweiten Weltkrieg wurde die Produktion ebenfalls verboten, darüber wachte der 1942 gegründete Reichsausschuss für die gärungslose Früchteverwertung.

Heute ist das Nationalgetränk nicht mehr wegzudenken und auch andernorts hat man erkannt, dass Wein aus Äpfeln schmackhaft ist. Als Wilhelm der Eroberer 1066 gen England zog, hatte er zahlreiche Fässer Apfelwein im Gepäck, vielleicht war das die Initialzündung für die Produktion des englischen Ciders, der sich großer Beliebtheit erfreut. In Frankreich genießt man den Cidre, der süßer als der hessische Apfelwein daherkommt und meist aus zwölf alten gerbstoffreichen Apfelsorten hergestellt wird. Durch einen langsamen Gärprozess bleibt viel Kohlensäure im Getränk gelöst und sorgt für das typische Moussieren. Cidre wird als leicht empfunden und hat lediglich etwa 2,5 % Alkohol. In Nordspanien, in Asturias, erfreut sich Sidra großer Beliebtheit, hier werden säurebetonte Äpfel verwendet und meist ohne Zusatz von Zucker gekeltert. In den Gaststätten wird der Sidra flaschenweise bestellt und die „escanciadores“, die das Getränk ausschenken, gießen es aus ungefähr einem Meter Höhe in ein großes schlichtes Glas, woraufhin man das mit Sauerstoff angereicherte Getränk in einem Zug austrinkt und das Glas an den nächsten weiterreicht.

In Österreich ist der Most beliebt, ein Wein aus Äpfeln und Birnen, zu dessen Produktion Kaiserin Maria Theresia den Grundstein legte, als sie im 18. Jahrhundert große Obstbaumplantagen anlegen ließ. In Slowenien ist der Jabolčni das Pendant zum Apfelwein. Allerdings fristet er eher ein Schattendasein, was vielleicht damit zu tun hat, dass der slowenische Teil der Steiermark in erster Linie für hervorragenden Weinanbau bekannt ist, die Gegend war in der k. u. k. Monarchie der Hauptweißweinproduzent für Österreich. Selbst in Japan produziert man Wein aus Äpfeln: der Nikka Cidre Rosé wird aus Fuji-Äpfeln gekeltert, weist eine rötliche Farbe auf, ist kohlensäurehaltig und hat etwa drei Prozent Alkohol. Des Weiteren gibt es inzwischen Eiswein aus Äpfeln (9–12 Prozent Alkohol) und sogar alkoholfreien Apfelwein, der in der Schweiz aus trübem Apfelwein entsteht, dem man durch Verdampfen unter Vakuum den Alkohol entzieht.

Es gibt weltweit zehntausende Apfelsorten, von denen rund 20.000 in Europa vertreten sind. Für die Produktion von Apfelwein eignen sich spätreifende, säurereiche Äpfel. Frühobst hat nicht genügend Zucker und Säure, würde man daraus Apfelwein keltern, wäre er geschmacklos und alkoholarm. Geeignet zum Keltern ist u. a. die Graue Herbstrenette, eine relativ anspruchslose Sorte im Streuobstanbau. Diese Äpfel sind eher unansehnlich, besitzen aber ein würziges Fruchtfleisch. Bekannter ist sicherlich der Boskop, der ursprünglich aus den Niederlanden stammt und auch zum Frischverzehr geeignet ist. Aus dem Südwesten Deutschlands stammt der Rote Trierer Weinapfel, wegen seines extrem hohen Säuregrades und Mostgewichts gehört er zu den wichtigsten Sorten. Der Baum ist widerstandsfähig und kann auch auf schlechten Böden gedeihen. In Hessen beheimatete und verwendete Äpfel sind ferner Schafsnase, Geflammter Kardinal, Heuchelheimer Schneeapfel, Himbacher Grüne, Goldparmäne, Boikenapfel und die Korbacher Edelrenette, die wegen ihrer fettigen Schale auch „Schmierlätzchen“ genannt wird. In den letzten Jahren findet man immer häufiger Apfelweine, die aus einer Sorte Äpfel gekeltert werden und die für bestimmte Äpfel typische Aromen aufweisen. Goldparmäne, Boskop und Bohnapfel werden zu besonders aromatischen Getränken. Da im Zuge von Baumaßnahmen die Anzahl der Streuobstwiesen stetig zurückgeht, wird es manchmal schwierig, die nötigen Mengen an Äpfeln zu bekommen, weshalb gelegentlich zugekauft werden muss. So gelangen manchmal zu den Äpfeln aus dem Spessart, dem Odenwald, der Wetterau, dem Vogelsberg und dem Taunus auch Äpfel aus Italien, Polen oder der Türkei. Wer das erste Mal hessischen Apfelwein kostet, bemerkt sofort seine herbe Note, die durch den Speierling entsteht. Beim Speierling (botanisch: Rosaceae Sorbus domestica) handelt es sich um eine Wildobstsorte aus der Gattung der Eschen. Der Baum war ursprünglich in Südeuropa, Nordafrika und Asien heimisch. Heute ist er wegen veränderter Forstmethoden und Expansion der Siedlungsflächen nur noch selten bei uns anzutreffen. Der im Jahr 1993 zum „Baum des Jahres" gekürte Speierling gilt als bedroht. Seine Früchte haben eine gelb-rote Farbe, wenn sie reif sind, und eine Größe von zwei bis drei Zentimetern. Die Früchte werden dem Apfelwein im unreifen Zustand zugegeben (0,1 bis 2 Prozent), was ihn herb-würzig und haltbarer macht. Das Holz des Speierlings ist sehr hart, es wird zum Drechseln, beim Instrumentenbau oder in der Möbelindustrie verwendet. Erntezeit für die Äpfel ist September bis Oktober, sie werden von den Bäumen geschüttelt, fallen auf Tücher, werden sortiert und gewaschen. Anschließend werden sie in einer Mühle zu Maische verarbeitet, die Apfelstücke dürfen nicht zu klein sein, weil sie sich dann nicht pressen lassen. Von der Rätzmühle geht es in die Pressen, wo dann zehn Kilogramm Äpfel ungefähr sieben bis acht Liter Saft ergeben; der „Süße" hat eine gelb-bräunliche Farbe. Bei übermäßigem Genuss muss man wegen des „Erlkönig-Effekts" (er erreichte den Hof nur mit Mühe und Not ...) ein wenig vorsichtig sein. Die Apfelreste, Trester genannt, werden als Kraftfutter für Schafe verwandt. Der weitaus größere Teil wird als Sondermüll entsorgt. Nach ungefähr drei Tagen beginnt die Gärung und die Farbe wird heller. Die Gärung sollte möglichst bei einer konstanten Temperatur (um 15 Grad Celsius) stattfinden, wobei die auf der Apfelschale befindlichen Hefepilzsporen dafür sorgen, dass der Zucker zu Alkohol vergoren werden kann. Nach zwei bis drei Wochen ist das Getränk halbvergoren und heißt „Rauscher", es ist gewissermaßen das Pendant zum „Federweißen" und hat etwa drei Prozent Alkohol. Nach vier bis sechs Wochen ist die Gärung abgeschlossen, der Wein moussiert noch und kann nun durch Reinzuchthefen oder Fruchtzucker veredelt werden. Um Weihnachten wird der neue Apfelwein verkostet, ein Ereignis, das mit Spannung erwartet wird. Für Apfelweinfreunde ist es so wichtig wie der 15. November für Rotweintrinker, wenn in Paris der Beaujolais Primeur getestet wird. Der „hessische Primeur" hat vollvergoren etwa 5,5 Prozent Alkohol und sollte seinen ersten Geburtstag nicht erleben, wie es in Frankfurt heißt.

Für den – maßvollen – Konsum von Apfelwein sprechen viele Gründe: Er enthält wichtige Mineralstoffe wie Kalium, Kalzium, Magnesium, ferner Antioxidantien, die im Körper freie Radikale neutralisieren können, die Gewebeschäden und Zellverfall begünstigen. Des Weiteren werden auf natürliche Art und Weise die Gehirndurchblutung und die Verdauung angeregt. 0,2 Liter schlagen mit nur 94 kcal zu Buche, im Vergleich dazu hat trockener Weißwein 136 kcal, ein schwerer Rotwein 156 kcal, Sekt 160 kcal.

Dass Apfelwein nicht nur in flüssiger Form schmeckt, beweist das folgende Rezept:

Ingolfs Apfelweintorte

Zutaten
250 g Mehl
½ Tütchen Backpulver
125 g Zucker
1 Tütchen Vanillezucker
1 Ei
125 g weiche Butter

Füllung
1 kg Äpfel
etwas Zitronensaft
2 Tüten Vanillepuddingpulver
150 g Zucker
etwas Zimt
¾ l Apfelwein
2 Becher Sahne
2 Tütchen Vanillezucker
2 Tütchen Sahnesteif
Butter und Paniermehl zum Einfetten und Ausstreuen der Form

Zubereitung
Zucker, Vanillezucker, Ei und Butter schaumig rühren, Mehl und Backpulver dazu sieben und alles zu einem glatten Teig kneten.
Die Äpfel schälen, in kleine Stücke schneiden und mit Zitronensaft beträufeln.
Das Puddingpulver mit Zucker und etwas Zimt mischen, etwa zwölf Esslöffel Apfelwein langsam zu der Mischung geben, sodass keine Klümpchen entstehen. Den restlichen Apfelwein zum Kochen bringen. Die Puddingpulvermischung langsam dazugeben und unter ständigem Rühren nochmals aufkochen lassen, bis eine cremige Masse entsteht. Dann das Ganze von der Herdplatte nehmen und die Apfelstücke unterheben.
Den Mürbeteig in eine gefettete Springform geben. Die Füllung darauf verteilen und im vorgeheizten Backofen auf der mittleren Schiene bei 175 Grad eine Stunde lang backen. Danach noch zehn Minuten ohne Hitzezufuhr im Backofen stehen lassen, herausnehmen und abkühlen lassen. Die Sahne anschlagen, nach einer Weile Sahnesteif, gemischt mit dem Vanillezucker, dazugeben, steif schlagen und auf dem erkalteten Kuchen verteilen. Wer mag, kann die Torte mit Schokoraspeln verzieren.

Das „Gerippte".

Das „Stöffche", wie Apfelwein umgangssprachlich auch genannt wird, genießt man aus dem „Gerippten", einem konisch geformten Glas mit Rippen, das seinen Ursprung in den Waldglashütten im Spessart hat. Hier siedelte sich die Glasindustrie wegen der Quarz-Vorkommen in den Bächen an und man stellte Gebrauchsglas in großen Mengen her. Die Rippen entstehen durch entsprechende Rillen in den verwendeten Modeln, die anfangs aus Holz, später aus Eisen bestanden. Für diese Form des Glases gibt es natürlich einen Grund: Früher aß man die Speisen nicht mit Besteck, sondern mit den Fingern, was sie natürlich fettig werden ließ. Die geriffelte Struktur sorgte für einen besseren Halt, ein glattes, gerade geformtes Glas wäre durch die Finger gerutscht.

In den Anstandsregeln des Klosters Bursfelde (Weser) aus der Mitte des 15. Jahrhunderts kann man Folgendes lesen: „Wenn du trinkst, so hebe den Becher mit beiden Händen von der Tafel und stelle ihn wieder so hin; du sollst nicht trinken mit einer Hand wie ein Fuhrmann, wenn er seinen Wagen schmiert …"

Des Weiteren ließ diese Art des Glases das Getränk durch die Lichtbrechung sehr appetitlich aussehen und es war preiswerter, als ein Glas mit Henkel zu produzieren. Die älteste bekannte Darstellung eines solchen Glases stammt aus dem Jahr 1464, es ist auf einem Gemälde in Köln zu sehen. Das Volumen umfasst heute 0,3 Liter, früher gab es auch eine kleinere Variante, die für die Damenwelt gedacht war, heute heißen Gläser mit nur 0,25 Litern Inhalt im Volksmund „Beschissergläser". Für die ganz Durstigen gibt es inzwischen Gläser, die 0,5 Liter enthalten.

Echte Profis führen in der Hosentasche ihr „Deckelche" mit, das aus gedrechseltem Holz besteht und das Getränk vor Insekten, herabfallenden Blättern oder der feuchten Aussprache des Gegenübers schützt. Oftmals sind die Deckel verziert mit Bildern, Medaillen, Einlegearbeiten oder deftigen Sprüchen wie „Net abräume – bin nur pinkele" oder „Besser als Pille und Trobbe is en gude Schobbe". Mit „Schoppen" bezeichnete man lange Zeit in Deutschland ein Hohlmaß mit einem halben Liter Inhalt. Eingeschenkt wird der „Schoppe" aus einem „Bembel", zu dem es im Brockhaus heißt: „Der Apfelweinkrug ist ein Gefäß, aus dem der Apfelwein ausgeschenkt wird. Er ist ein dickbauchiges Keramikgefäß mit verhältnismäßig kleiner Öffnung, graublau glasiert und meist mit blauer Bemalung verziert."

Entwickelt hat sich der Bembel aus zwei Gefäßen, zum einen aus der Frankfurter Kanne, die dem Weinausschank diente. Sie war leicht bauchig, verfügte über einen Ausguss, eine weite Öffnung, einen stabilen Henkel und manchmal über einen Zinndeckel. Die zweite Gefäßform ist ein Krug, der einen kurzen, schmalen Hals ohne Ausguss hatte und sehr bauchig war. Manche konnten mit Deckel oder Korken verschlossen werden, für die leichtere Handhabung gab es einen kleinen Henkel. Er diente u. a. als Behältnis für Öl und Wasser. Vom Krug leitet sich die sehr bauchige Form des Bembels ab, sein Fassungsvermögen erspart viel Lauferei. Ausguss, Halsform und Henkel gehen auf die Kanne zurück: Die Öffnung ermöglicht eine gute Reinigung, ist aber nicht so groß, dass alle Aromastoffe entweichen könnten. Der Henkel sorgt für eine gute Handhabung. Ursprünglich stammen die Bembel aus dem Westerwald, dem Kannebäckerland, wo man auf die Herstellung des salzglasierten Steinzeugs mit Blaumalerei spezialisiert ist. Das Brennen erfolgt im offenen Feuer bei etwa 1.250 Grad, der Vorgang dauert 48 Stunden und lässt die Glasur dicht werden. Das Steinzeug hält das Getränk schön kühl und schützt vor Licht. Die erste Erwähnung eines Bembels findet sich in den „Humoristischen Memoiren eines alten Frankfurters" von Johann Jacob Frieß aus dem Jahr 1893. Bembel gibt es in unterschiedlichen Größen, im Boden ist das Fassungsvermögen angezeigt: Der kleinste fasst zwei Schoppen (der „Zweier", 0,5 l), der größte, der „Zwanziger", fünf Liter. Weitere Größen sind als Sonderanfertigungen erhältlich. Da ein solcher Bembel natürlich schwer zu handhaben ist, hat man sich eine Vorrichtung ausgedacht, die das Einschenken erleichtert. Beim „Faulenzer", einem Eisengestell, in das der Bembel eingehängt wird, ist nur noch eine Kippbewegung erforderlich, um das Getränk in die Gläser zu füllen.

Ein „Faulenzer" ermöglicht müheloses Einschenken aus großen Bembeln.

Die Bezeichnung „Bembel" gibt Rätsel auf, denn es ist nicht eindeutig geklärt, worauf sie zurückgeht. Eine Erklärung ist, dass das lateinische Wort für Rebe „pampinus", sich auf das Gefäß übertragen hat, ferner könnte es von „baumeln" kommen, denn die Krüge hingen baumelnd unter der Decke oder an den Karren der Fuhrleute. Auch der Klöppel einer Glocke könnte namensgebend gewesen sein.

Getrunken wird der Apfelwein im Idealfall bei einer Temperatur von 15 Grad Celsius, Kenner bevorzugen ihn pur, wie folgender Spruch belegt: „Weil der Ebbelwei e Wohldat is, derf er net die Nassauer Daaf (Taufe) grie", was heißt, dass der „Gespritzte" verpönt ist. „Gespritzt" bedeutet, dass das edle Getränk mit Mineralwasser oder – schlimmer noch – mit Limonade vermischt wird („Süßgespritzter"). Auch da gilt es, die korrekte Terminologie zu beachten: „Tief" gespritzt bedeutet, ein Schuss Apfelwein wird mit viel Wasser gemischt, „hoch" gespritzt dagegen, Apfelwein wird mit einem Schuss Wasser vermengt.

Zum Apfelwein isst man Handkäs, Rippchen mit Kraut oder Frankfurter Würstchen. Eine perfekte Kombination von Apfelwein und Handkäs gelingt mit diesem Rezept:

Handkäs mit Apfelmusik

Zutaten (4 Portionen)
2 säuerliche Äpfel (z. B. Boskop)
100 g rote Zwiebeln
Handvoll Walnüsse
Apfelessig
Walnussöl
Salz und Pfeffer
Prise Zucker

Zubereitung
Äpfel und Zwiebeln würfeln und mit einer Handvoll gehackter Walnüsse, Apfelessig, Walnussöl, Salz, Pfeffer und einer Prise Zucker mischen und über vier Handkäs verteilen.

Im Winter lässt man sich den heißen Apfelwein schmecken, der, ähnlich wie in Schleswig-Holstein der heiße Fliederbeersaft, Erkältungen kurieren soll. Ob das tatsächlich klappt, sei dahingestellt, schmecken tut es allemal, wie die Autorin aus eigener Erfahrung bezeugen kann.

Heißer Apfelwein

Zutaten
1 l Apfelwein
125 ml Wasser
60 g Zucker
¼ Zimtstange
3 Gewürznelken
2 Scheiben einer unbehandelten Zitrone

Zubereitung
Zucker, Zimt und Gewürznelken mit dem Wasser aufkochen und 30 Minuten ziehen lassen. Danach die Gewürze aus dem Topf nehmen, den Sud mit dem Apfelwein mischen und bis kurz vor dem Siedepunkt erhitzen. Die Flüssigkeit soll nicht kochen!
Wenn Sie noch einen Schuss Calvados hinzufügen, wärmt dieses schmackhafte Getränk die kältesten Füße.

Als „Schutzpatronin“ der Apfelweintrinker fungiert gewissermaßen „Frau Rauscher aus der Klappergass“, eine Frau, über die der Frankfurter Grafiker Kurt Eugen Strouhs im Jahr 1929 ein Gedicht schrieb, das vom Redakteur Norbert Bruchhäuser vertont wurde. In dem Lied, das ursprünglich als Fastnachtslied gedacht war und heute Kultstatus besitzt, geht es um die Wirkung des noch gärenden Getränks und den Eifer der Polizei:

Am Sonntag warn mer dribb de Bach, was hamer do gelacht,
so warn zwaa Eheleut beschleucht unn hawe Krach gemacht.
Uff aamal duds en dumpfe Schlag, die Fraa lieht uff de Gaß
unn alle Kinnder singe laut des mecht en Heidespaß:

Refrain:
Die Fraa Rauscher aus de Klappergaß, die hoot e Beul am Ei,
ob des vom Rauscher, obs vom Alde kimmt, des klärt die Bolizei.

En Griene hot den Fall geseh' un kimmt im Laafschritt aa.
Der Ehemann ruft ganz erschreckt, ich hab er nix gedaa.
Mei Alt, die kennt kaa Maß un Ziel, die hot zu viel gebaaft,
drumm hot der liewe Hergott sie mit aaner Beul gestraft.

Refrain

Jetzt geht's uffs Bolizeirevier, die Buwe hinerdrei.
Des is en interessanter Fall, des leucht doch jedem ei.
De Kommissar is ganz empeert und segt, des is doch doll.
Der Griene, wie es sich geheert der gibt zu Protokoll:

Refrain

Jetzt wär's genug, die Rauschern hat sich mit ihrm Mann versöhnt,
des kennt mer schon un is mer aach in solche Fäll gewöhnt,
doch so en beeser Zeitungskerl dut mer als wie seine Pflicht,
am annern Dag stehts dich un braat im Bolizeibericht:

Refrain

Seit 1961 erfreut Frau Rauscher als Denkmal die Besucher der Klappergass.

Das von Georg Krämer geschaffene Denkmal aus Bronze sorgt im Sommer immer für Erheiterung, denn dann bespuckt Frau Rauscher in unregelmäßigen Abständen die Passanten mit einem erfrischenden Wasserstrahl.

Mit Alt-Sachsenhausen verbinden die Apfelweintrinker noch ein anderes Original: „Streichholzkarlchen", der mit bürgerlichem Namen Karl Winterkorn hieß. Der aus der Nähe von Würzburg stammende Mann lebte in Offenbach, hatte aber in Frankfurt seinen Wirkungskreis. „Karlchen" zog in den 1920er- und 1930er-Jahren durch die Apfelweingaststätten, verkaufte dort Streichhölzer und nannte sich auch schon mal „Frankfurts größten Holzhändler". Was ihm an Körpergröße fehlte, machte er durch Schlagfertigkeit wett. Wenn ihm jemand nichts abkaufte, meinte er: „Des mecht nix, sonst wer ich ja so schnell reich, un des verderbt de Charakter." Seinen Bekanntheitsgrad erkennt man auch daran, dass im Jahr 1925 ein Weihnachtsmärchen mit dem Titel „Streichholzkarlchen und das Christkind" aufgeführt wurde, in dem Stück spielte er die Hauptrolle. 1931 wurde es noch einmal im legendären Schumann-Theater wiederholt. Als „Streichholzkarlchen" einmal noch nach der Sperrstunde unterwegs war und von der Polizei aufgegriffen wurde, brachte ihm das eine Geldstrafe ein. Da sie sein Budget überstieg, wählte er die Gefängnisstrafe.

Statue von „Streichholzkarlchen“ am Wilhelmsplatz in Offenbach.

Auf seinem Weg dorthin wurde er von vielen Anhängern begleitet. Karl Winterkorn verstarb 1939 und kam 61 Jahre später zu einer Ehrung: Man setzte ihm in Offenbach ein Denkmal. Der Verein Denkmal Streichholzkarlche e.V., den viele Offenbacher Prominente und Firmen unterstützen, ließ nach mehreren alten Fotos eine Statue aus Kalkstein in Originalgröße von der Bildhauerin Judith Quartier schaffen. „Streichholzkarlche“ steht auf einer überdimensionalen Streichholzschachtel und schaut Richtung Sachsenhausen. Die feierliche Zeremonie im April 2000 begann mit dem Zillertaler Hochzeitsmarsch und endete mit einem Lied des Duos „Ohrenschmaus“ mit folgenden Zeilen zur Melodie von „Lili Marleen“: „... 39 legt er sich zur Ruh’, Deutschlands einziger mobiler Holzhandel macht zu.“

Es gibt eine Möglichkeit, Apfelwein auf eine ganz entspannte Weise zu genießen und auch noch etwas über die Stadt zu erfahren: der „Ebbelwei-Express“ macht es möglich. Im November 1976 stimmte die Frankfurter Stadtverordnetenversammlung diesem Projekt zu und schon im Februar des folgenden Jahres konnten alte Straßenbahnwaggons aus dem Jahr 1950, die ab Mitte der 1970er-Jahre nach und nach ausgemustert worden waren, ihren Betrieb als „Ebbel-Ex“, wie die Bahn liebevoll genannt wird, aufnehmen. Am 5. Februar 1977 gab der ehemalige Oberbürgermeister Rudi

Arndt den Startschuss in der Biebergasse. Die von dem Frankfurter Grafiker Charly Estenfelder und seiner Frau Estine liebevoll mit Frankfurter Motiven gestaltete Bahn wurde geradezu gestürmt und bei der Jungfernfahrt sorgten Lia Wöhr und Reno Nonsens für die richtige Stimmung. Die Route änderte sich im Laufe der Jahre, so fiel schließlich die Fahrt über die Zeil und auch der Blick auf die Alte Oper weg, geblieben ist aber die Begeisterung der Frankfurter und Touristen für diese gemütliche Art der Stadterkundung. Von Anfang an macht die Kelterei Possmann bei diesem Projekt mit: Jeder Fahrgast bekommt bei der Fahrt eine Flasche Apfelwein oder Apfelsaft (0,3 l), für die es in den Tischen genau passende Vertiefungen gibt, und eine Tüte Brezeln. Wenngleich es nur Plätze in der „Holzklasse“ gibt, erfreut sich die Bahn großer Beliebtheit und hat es zur Berühmtheit gebracht, denn sogar in New York und Japan wurde über sie berichtet. Die Bahn war auch Kulisse für den ARD-Spielfilm „Durch dick und dünn“, diente als Ort für Wahlkampfauftritte und ist inzwischen zu einem Wahrzeichen der Stadt avanciert. Es ist nicht nur ein „Ebbel-Ex“, sondern vier Motor- und sechs Anhängerwagen, die eine besondere Art der Stadterkundung ermöglichen. An Wochenenden verkehrt die Bahn zu regelmäßigen Zeiten, abgesehen davon kann sie für Firmen- oder Privatveranstaltungen gebucht werden, wobei individuelle Wünsche für die Routen – sofern möglich – berücksichtigt werden.

Diese Straßenbahn lenkt alle Blicke auf sich.

Bier

Bier gilt als eines der ältesten alkoholischen Getränke, das sowohl bei den Ägyptern wie bei den Kelten zahlreiche Abnehmer fand, gelegentlich wurde es sogar den Göttern geopfert. Es bot eine Alternative zu verunreinigtem Wasser und war außerdem noch recht nahrhaft. Die morgendliche Biersuppe stand in Deutschland lange bei allen Schichten auf dem Speiseplan, ehe sich wohlhabendere Kreise Ende des 18. Jahrhunderts das aufkommende Modegetränk Kaffee leisten konnten. Bier war gehaltvoll, außerdem konnte man minderwertiges Getreide verwenden, das sonst hätte entsorgt werden müssen. Da meist Dünnbier genommen wurde, aßen auch Kinder die Suppe. Bei den begüterten Schichten wurde die Biersuppe manchmal mit Milch, Eigelb und Gewürzen versehen, wodurch dann gleichzeitig Leiden gemildert wurden. Mit Salbei versetzte Biersuppe half bei Zahnweh, Rosmarin bei Nervenproblemen. Auch zu besonderen Anlässen reichte man Bier: zur Taufe das Kinnebier, zum Richtfest das Schlussbier und bei der Bestattung das Leichenbier – ein Grund für den Konsum fand sich immer.

Der Herzog von Bayern, Wilhelm IV., sorgte im April 1516 in Ingolstadt für die erste Lebensmittelverordnung der Welt: das Reinheitsgebot für Bier. Er wollte die Konsumenten vor Schaden bewahren, und fortan waren als Zutaten nur Wasser, Hopfen und Gerste zum Bierbrauen zugelassen. Andere Zutaten wie Ruß, das dem Dunkelbier gelegentlich zugesetzt wurde, oder auch bewusstseinserweiternde Substanzen wie Stechapfel und Fliegenpilz waren nun verboten, ebenso Ochsengalle, Bilsenkraut, Fichtenspäne oder Schafgarbe. Später wurde ergänzt, dass es Gerstenmalz sein musste, Hefe fand noch keine Erwähnung. Das Reinheitsgebot gilt heute noch und erlaubt nur die Zutaten Wasser, Hopfen, Malz und Hefe. Dem Herzog sei Dank! Der Deutsche Brauerbund führte 1994 den „Tag des deutschen Bieres" ein, um des Reinheitsgebots zu gedenken, vermutlich wird es aber am 23. April nicht nur bei dem Gedenken bleiben.

Bier gehört zu den Lieblingsgetränken der Deutschen, was durch die Statistik zum Konsum alkoholischer Getränke belegt wird. Der „Durchschnittsdeutsche" trinkt pro Jahr etwa 100 Liter des Gerstensaftes (Weinkonsum schlägt laut Statistik 2017 mit nur etwa 20 Litern zu Buche), allerdings geht der Bierkonsum zurück. In den 1990er-Jahren waren es noch etwa 143 Liter Bier, die der Deutsche pro Jahr konsumierte. Die Branche führt das geänderte Konsumverhalten darauf zurück, dass gerade junge Leute experimentierfreudig sind und auch Mischgetränke oder Cocktails schätzen. Ferner spielt das Wetter eine nicht zu unterschätzende Rolle; bei schlechtem Wetter fallen Biergartenbesuche aus, was sich unweigerlich auf den Umsatz auswirkt. Von den mehr als 1.400 Brauereien in Deutschland sind über 40 Prozent in Bayern angesiedelt.

Wie wichtig den Frankfurtern das Bier war, zeigt eine historische Begebenheit, die als „Bierkrawall" in die Geschichte einging. Der 21. April 1873 sollte noch lange in Erinnerung bleiben, es war der Tag, an dem die alljährlich stattfindende Frühjahrsmesse (heute als „Ambiente" bekannt) zu Ende ging. Die Menschen waren in Feierlaune und wollten es sich gut gehen lassen. Dieser Tag hieß im Volksmund „Nickelches-Tag". Eine Erklärung besagt, dass er nach den kleinen Münzen benannt wurde, die bei dieser Gelegenheit locker saßen, eine andere Erklärung verweist auf einen Offenbacher Unternehmer mit dem Namen Nikolaus Bernhard, der seinen Angestellten einen Tag frei gab, damit sie feiern konnten. In jenem Jahr allerdings war die Freude getrübt, denn die Bierpreise waren erhöht worden. Statt vier Kreuzer (ein Batzen) sollte das Bier nun 4,5 Kreuzer kosten. Es gab aber keine Münze im Wert eines halben Kreuzers, daher hatten die Gaststättenbetreiber sich überlegt, dass sie jeweils eine Wertmarke ausgeben würden, die dann natürlich nur bei ihnen wieder eingelöst werden konnte. Gegen Nachmittag erreichte der Unmut ein beträchtliches Ausmaß: Eine anfangs überschaubare Menschenmenge zog Richtung Innenstadt, dabei den Ruf „Mir wolle Batzebier" skandierend. Die Gruppe schwoll an, je weiter es in die Innenstadt ging. In der Allerheiligenstraße, Großen Friedberger Straße und Fahrgasse hinterließ sie eine Spur der Verwüstung. In Gaststätten und Brauereien wurden Möbel sowie Fensterscheiben zertrümmert und Gasrohre zerstört, das austretende Gas wurde angezündet, Geschäfte wurden geplündert und Tore eingeschlagen. Einige Brauereien erhielten Kunde von den Vorfällen und konnten sich auf die Randalierer vorbereiten. So wurden diese in der Neuen Mainzer Straße mit kochendem Bier überschüttet, an anderer Stelle wehrte man sich mit glühenden Schürhaken. Die Polizei war in Anbetracht dieser zahlenmäßig weit überlegenen Gruppe von Randalierern überfordert, Unterstützung wurde aus Homburg, Offenbach und Mainz geschickt. Die Bilanz am Ende des Krawalls: 21 Tote und etwa 300 Menschen in Haft. Einige ließ man am nächsten Tag wieder frei, andere wurden vor dem Schwurgericht, das damals im Leinwandhaus (heute Caricatura – Museum für komische Kunst) tagte, zu Haftstrafen in Zuchthaus und Gefängnis verurteilt. Die Höchststrafe erhielt ein Tapezierer aus Oberrad (4,5 Jahre Zuchthaus), da hatte es auch nichts genützt, dass sein Anwalt darauf hinwies, dass Bier ein Grundnahrungsmittel sei und die willkürliche Preiserhöhung diese Aktion ausgelöst habe. Auch das Argument, sein Mandant sei zur Tatzeit wegen Trunkenheit nicht zurechnungsfähig gewesen, zog nicht. Nachdem der Krawall abgeflaut war, ließen die Brauereien verlauten, dass das Bier wieder einen Batzen kosten würde. Historiker rätseln, ob es wirklich nur um Bier ging oder ob politische Gründe vorlagen, denn die Randalierer hatten immerhin eine rote Fahne, eigentlich einen Vorhang, vor sich her getragen.

Mit Frankfurt werden in der Brauereibranche zwei traditionsreiche Namen verbunden: Binding und Henninger. Der gebürtige Frankfurter Conrad Binding

Im Henninger-Turm sind heute Wohnungen untergebracht.

absolvierte nach der Musterschule eine Küferlehre in Sachsenhausen und eine Brauerlehre in Aschaffenburg, ehe er wieder in seine Heimatstadt zurückkehrte und eine Brauerei in der Altstadt am Garküchenplatz (heutiger Bereich Dom/Fahrgasse) übernahm. 1870 gründete er die Binding-Brauerei, er übernahm eine weitere Brauerei und konzentrierte sein Geschäft an der Darmstädter Landstraße, denn die Felsenkeller am Sachsenhäuser Berg boten ideale Lagermöglichkeiten, was auch andere Brauereien erkannten. 1885 wurde die Binding-Brauerei in eine Aktiengesellschaft umgewandelt und weitere Brauereien wurden gekauft, so die Schöfferhofer Brauerei, Brauerei Reutlinger und die Frankfurter Bürgerbrauerei. Binding entwickelte sich zu einer der wichtigsten Brauereien in Deutschland und verwandte als erste Brauerei Kunststoffkästen. Ihr alkoholfreies Bier der Marke Clausthaler, das 1979 eingeführt wurde, sollte sich zum Renner entwickeln.

Auch der Name Henninger ist untrennbar mit der Brauereiszene in Frankfurt verbunden. In das 1655 von Eberhard Stein gegründete Brauhaus trat der Erlanger Heinrich Christian Henninger im Jahr 1873 ein, nach mehrfachen Namensänderungen firmierte die Brauerei ab 1935 schließlich als Henninger-Bräu AG. Die Pferdefuhrwerke des Unternehmens prägten das Stadtbild bis 1958, dann wurden sie von Lastkraftwagen ersetzt, lediglich zu Repräsentationszwecken oder bei Fastnachtsumzügen durfte das 6er- oder 8er-Gespann mit Kaltblütern noch bis zum Jahr 2000 genutzt werden. Henninger-Bräu war Neuerungen gegenüber immer aufgeschlossen: Es war das erste Unternehmen in Deutschland, das Bier in Dosen anbot (1951). Zehn Jahre später wurde Bier in Lizenz gebraut (Griechenland, Spanien, USA), ferner wurde ein Silo errichtet, das sich zum Wahrzeichen der Stadt Frankfurt entwickeln sollte: der Henninger-Turm. Dieser Bau, in dem vier schmale Getreidesilos untergebracht waren, verfügte über ein Drehrestaurant, dessen Technik damals bahnbrechend war und von dem sich dem Besucher ein einzigartiges Panorama bot. Neben einer offenen Aussichtsplattform in 110 Metern Höhe gab es Gesellschaftsräume wie den Frankfurter Salon, den Offenbacher Salon und zwei Dachgartensalons sowie ein Museum zur Brauereigeschichte.

1962 fand das erste Radrennen „Rund um den Henninger-Turm" statt, das zu internationaler Bedeutung gelangte. Wenige Radrennen im Profibereich haben so oft stattgefunden wie dieses Rennen, das mehrfach umbenannt wurde und inzwischen zur ersten Kategorie der WorldTour-Rennen gehört. Gründervater war Hermann Moos, dessen Großvater den RV Sossenheim ins Leben rief. Hermanns Bruder Erwin wurde mehrfacher Hessenmeister. Als der Henninger-Turm gebaut wurde, hoben die Brüder zusammen mit dem Brauereibesitzer Bruno Schubert das Radrennen aus der Taufe. Heute sind Namen wie Didi Thurau, Tony Martin und John Degenkolb untrennbar mit dem Radsport verbunden. Bei dem 57. Rennen im Jahr 2018 erhielt das Rennen wieder einen neuen Namen: Eschborn–Frankfurt. Insgesamt gingen

6.000 Sportler in verschiedenen Altersklassen an den Start, das Ziel befand sich an der Alten Oper. Die Strecke ist 187,5 Kilometer lang, dabei sind 3.222 Höhenmeter zu überwinden.

In den 1970er-Jahren war die Henninger-Brauerei zeitweilig die größte deutsche Einzelbrauerei. 1995 brachte sie als erste Brauerei in Deutschland ein Biermischgetränk

Manchmal drängeln sich rund 50 Menschen auf dem Gehweg vor dem Kiosk.

auf den Markt, um den veränderten Trinkgewohnheiten Rechnung zu tragen: Henninger-Radler in Süddeutschland und Henninger-Alsterwasser im Norden. Trotz aller Innovationsbereitschaft geriet das Unternehmen in Schieflage. 1987 hatte die März-Gruppe die Mehrheit an Henninger übernommen, nach ihrer Insolvenz folgte der Mannheimer Unternehmer Dietmar Hopp. Seine Firma, die als Actris AG firmiert, stellte den Brauereibetrieb ein und verkaufte die Markt- und Vertriebsrechte 2001 an die benachbarte Binding-Brauerei.

Für Bierliebhaber gibt es seit etwa zehn Jahren eine Anlaufstelle im Bahnhofsviertel, die regelmäßig stark frequentiert wird, der „City-Kiosk", auch „Yok Yok" genannt, was im Türkischen so viel heißt wie „Gibt's nicht, gibt's nicht".

Die Verkaufsstelle in der Münchner Straße 32 wird von Nazim Alemdar betrieben, der hier vor über 30 Jahren ursprünglich begann, Bücher und CDs zu verkaufen. Mittlerweile hat sich sein Kiosk zu einem Treffpunkt für Mitglieder unterschiedlicher Gesellschaftsschichten entwickelt, was ganz in Alemdars Sinn ist. Hier frage niemand nach der Nationalität, dem gesellschaftlichen Stand oder Glauben, es sei ein Ort für alle und so herrsche auch eine familiäre Atmosphäre. Getreu dem Motto „Gibt's nicht, gibt's nicht" werden nicht nur über 200 Sorten Bier verkauft, darunter das seltene Crocodile oder Serengeti Beer, auch Damenstrümpfe, Einwegrasierer und türkische Musikinstrumente suchen einen Abnehmer. Was nicht vorhanden ist, wird beschafft, das gilt nicht nur für Biersorten, sondern auch für andere Dinge, die gerade benötigt werden, vom Fahrrad-Flickset bis hin zum Auspuff. Alemdar liegt aber nicht nur das Wohl seiner Kunden am Herzen, er ist auch sehr rührig, was die Kunst- und Kulturszene angeht. So schafft er es immer wieder, das eine oder andere Kunstwerk im Hinterzimmer seines Kiosks auszustellen, etwas, das man dort nicht unbedingt vermuten würde. Es schließt sich schließlich nicht aus, Bierfreund und Kunstliebhaber zu sein. Der Kult-Kiosk wurde schon für eine Ausstellung in der Kunsthalle Schirn nachgebaut. Alemdar schätzt den nachbarschaftlichen Zusammenhalt zwischen der „Bar Plank", dem „Maxie Eisen" und „Alims Fischimbiss". Er arbeitet nicht nur im Bahnhofsviertel, er lebt auch dort, engagiert sich im Gewerbeverein Bahnhofsviertel sowie im Präventionsrat der Stadt Frankfurt. In der Fahrgasse 21 gibt es inzwischen eine Dependance. Nachdem die Räumlichkeiten einst eine Galerie und ein Reisebüro beherbergt hatten, stand der Raum nach deren Auszug längere Zeit leer, bis Alemdar ihn entdeckte. Umgeben von Galerien und Antiquitätengeschäften, stellt er hier Veranstaltungen auf die Beine. Ausstellungen mit Werken des 2018 verstorbenen Künstlers Max Weinberg oder von Künstlern aus seiner türkischen Heimat ziehen Kunstinteressierte an. Weiter vermittelt Alemdar Frankfurter Künstlern Ausstellungen in Ankara. An Ideen mangelt es ihm nicht: Lesungen, Wein-Käse-Abende und Benefizveranstaltungen gehören dazu. Wir dürfen gespannt sein, was ihm noch einfällt.

Wasserhäuschen

Zurzeit erleben die Wasserhäuschen in Frankfurt ein Comeback. Es gibt Führungen zu diesen Einrichtungen, einen Wasserhäuschen-Tag mit besonderen Veranstaltungen und sogar ein Wasserhäuschen-Quartett und -Memory für Fans. Ferner wird regelmäßig in einem Wettbewerb das „Wasserhäuschen des Jahres" gekürt. Inzwischen sind Wasserhäuschen sogar Thema wissenschaftlicher Arbeiten.

Vorläufer der Wasserhäuschen, die es auch in anderen Städten gibt, in Hamburg heißen sie „Kaffeeklappen", in Düsseldorf „Büdchen", tauchen in der zweiten Hälfte des 19. Jahrhunderts auf. Es handelte sich dabei um Buden vor den Fabriktoren, die Mineralwasser anboten. Da nicht abgekochtes Leitungswasser gesundheitlich bedenklich war, griffen viele Arbeiter zu Bier und Schnaps, einige Firmen entrichteten sogar „Schnapsspenden" an die Belegschaft, was nicht unproblematisch war. Schließlich ging man dazu über, doch lieber Mineralwasser anzubieten.

1861 begann in Frankfurt die Produktion von Selterswasser und schon im Jahr darauf beantragten drei Produzenten eine Konzession zum Betreiben eines Wasserhäuschens, die auch gewährt wurde, bescherte sie der Stadt doch ordentliche Pachteinnahmen. Hier am „Kurort des kleinen Mannes", wie die Häuschen scherzhaft genannt wurden, durfte im Gegensatz zu anderen Verkaufsbuden kein Alkohol ausgeschenkt werden. Neben Mineralwasser gab es Limonade, auch als „Klickerwasser" bekannt, in einer besonderen Flasche, die mit einer Glasmurmel verschlossen war. Die Kohlensäure drückte die Murmel nach oben, um an das Getränk zu gelangen, musste diese heruntergedrückt werden. Nach dem Ersten Weltkrieg ging die Produktion von Mineralwasser zurück, woraufhin das Angebot in den Häuschen um andere Produkte erweitert wurde. Den Nationalsozialisten waren diese Orte ein Dorn im Auge, trafen sich hier doch die Arbeiter, die politisch eher dem anderen Spektrum zugeneigt war. Viele der Buden wurden abgerissen. Nach dem Zweiten Weltkrieg erhielt die Getränkefirma Jöst eine Konzession, um wieder Wasserhäuschen zu eröffnen. Einige „Jöst-Häuschen" entstanden an den Haltestellen des Nahverkehrs, wo es dann Wartemöglichkeiten gab, was der Stadt Ausgaben ersparte. Zeitweilig war die Hälfte aller Wasserhäuschen im Besitz der Firma Jöst. Mitte der 1970er-Jahre existierten fast 800 Häuschen in Frankfurt. Sie boten die Möglichkeit, wenn andere Geschäfte schon geschlossen hatten, Dinge des täglichen Bedarfs zu erwerben. Die Änderung des Ladenschlussgesetzes, das Supermärkten ab 1996 erlaubte, bis 20 Uhr zu öffnen, führte ebenso wie das erweiterte Angebot der Tankstellen zu einem Umsatzrückgang bei den Wasserhäuschen.

Zurzeit gibt es nach Schätzung der Denkmalschutzbehörde in Frankfurt noch etwa 300 Wasserhäuschen, von denen rund 80 Prozent im Besitz von Brauereien oder Getränkegroßhändlern sind, die sie verpachten. Wasserhäuschen sind – anders als Kioske, für die das Einzelhandelsgesetz gilt – dem Gaststättengesetz unterworfen, d. h., das Ladenschlussgesetz betrifft sie nicht, und die Betreiber können selbst über die Öffnungszeiten entscheiden. Nicht selten sind Zehn-Stunden-Tage und am Ruhetag wird Nachschub besorgt. Es gibt sogar Häuschen, die rund um die Uhr geöffnet sind. Das Angebot bestimmt der Betreiber selbst und somit ist jedes Häuschen ein Unikat. Zahlreiche Buden werden von Migranten betrieben, die dort auch Produkte aus ihrer Heimat anbieten. Neben den gängigen Waren wie Getränken, Zigaretten und Süßwaren in der „bunten Tüte" gibt es Zeitungen, einen Paketdienst, eine Lottoannahme, Milch, hausgemachte Suppen und Eintöpfe, fair gehandelten Kaffee und selbst gebackene Kuchen.

Viele Wasserhäuschen haben eine Stammkundschaft, die so bunt wie das Warenangebot ist: Sie reicht vom Anzugträger, der morgens seine Zeitung und seinen Kaffee „to go" holt, bis zum Rentner, der das Büdchen aufsucht, um soziale Kontakte zu pflegen. Das geht so weit, dass jemand vermisst wird, wenn er nicht erscheint, weshalb sich manche Kunden „abmelden", wenn sie nicht kommen können. Auch nachbarschaftliche Hilfe wird an den Häuschen angeboten: Einmal wurde eine Spendenaktion ins Leben gerufen, um einem kranken Kind eine Spezialbehandlung zu ermöglichen. Nicht nur die Kundschaft ist bunt gemischt, auch die Betreiber sind sehr unterschiedlich. Einige haben die Bude von den Eltern übernommen, die als „Gastarbeiter" nach Deutschland kamen, andere sind „Quereinsteiger", ehemalige Metzger, Immobilienmakler oder Mitarbeiter aus der Spitzengastronomie. Inzwischen gibt es einen Verein mit dem Namen „Linie 11", der sich für die Wasserhäuschen einsetzt. Ins Leben gerufen haben diese Initiative einige junge Männer, die sich aus einem Fitnessstudio kennen. Sie beschlossen eines Tages, mit der Straßenbahnlinie 11 zu fahren, die die Stadt von Fechenheim bis Höchst durchquert, um an jeder Haltestelle auszusteigen und das nächste Wasserhäuschen aufzusuchen. Aus der Idee, auf diese Art in Stadtteile zu gelangen, die sie sonst nicht aufgesucht hätten, erwuchs ein Interesse an den Büdchen. Der Verein hat inzwischen eine eigene Website, organisiert eine Börse, bei der sich Leute melden können, die ein Häuschen schließen oder eröffnen möchten, und hat einen Übersichtsplan mit den einzelnen Büdchen erstellt. Um sich zu finanzieren, werden Stofftaschen, Baby-Lätzchen, T-Shirts und Kapuzenpullis verkauft. Die Mitglieder des Vereins waren es auch, die 2017 einen „Tag des Wasserhäuschens" ins Leben riefen. Elf Buden nahmen teil, es gab Live-Konzerte, Kinderaktionen, eine Wasserhäuschen-Quartett-Meisterschaft und eine Lesung.

Seit einigen Jahren wird regelmäßig das „Wasserhäuschen des Jahres“ gewählt. Aus einer Auswahl von Vorschlägen der Leser der „Frankfurter Rundschau“ und Mitgliedern der Linie 11 wird dann abgestimmt. Als erster Sieger ging das „Orange Beach“ am Mainufer im Gutleut hervor. Das „Orange Beach“ bietet neben zahlreichen Biersorten und leckeren Würsten ein ganz besonderes Ambiente: Am Mainufer kann man im Strandkorb sitzen, den Frachtschiffen und Ruderern zuschauen oder musikalischen Darbietungen auf einer kleinen Bühne lauschen. Zum nächsten Sieger wurde das „Snack FM“ in Seckbach gekürt, 2015 folgte „Gudes“ im Nordend. Im Jahr 2016 hatte wieder das „Snack FM“ die Nase vorn und 2017 war es das „Mühlberglädchen“ in Sachsenhausen.

Das „Mühlberglädchen“ bietet neben einem breiten Angebot mit Bio-Tee, Bio-Honig, Kuchen des Tages und ungarischer Salami aus der Heimat des Betreibers Zoltan Ajkay einen Treffpunkt für die Nachbarschaft mit musikalischen Darbietungen oder Bastelaktionen für Kinder.

Im „Snack FM“ führt Pierre Skolik das Regiment und sorgt dafür, dass es familiär zugeht, was durch verschiedene Aktionen gefördert wird: Grillpartys,

Wohlfühlatmosphäre auf dem Gehweg.

Panini-Tauschbörsen und Lottotippgemeinschaften. Skolik hat auch ein Herz für Vierbeiner: Sein Wasserhäuschen bietet eine Bar für Hunde.

Das „Gudes" im Nordend war zweimal Zweitplatzierter, ehe es 2015 auf den ersten Platz rutschte. Der Name des Häuschens verweist auf den Slogan „Hier gibt's Gudes". Freundlichkeit und Rücksichtnahme auf die Nachbarschaft sind den Betreibern ganz wichtig. Neben der Siegerplakette gab es 500 Euro als Preisgeld und ein Fest, für das Binding aufkam.

Eine im wahrsten Sinn des Wortes feine Adresse ist das „Fein" von Elke Löscher, das 2015 im Anlagenring eröffnet wurde. Der Name „Fein" ist hier Programm: Im Innern des Büdchens gibt es einen Kronleuchter, der hervorragend zum übrigen Ambiente passt. Nostalgische Sofas und Sessel laden zum Verweilen ein, auf einem alten Teewagen und Sekretär werden Süßwaren in großen Gläsern angeboten, die nicht nur Kinderherzen höherschlagen lassen. Eine Stehlampe auf dem Gehweg und ein Vogelbauer im Baum schaffen eine heimelige Atmosphäre, um selbst gebackene Kuchen, fair gehandelten Kaffee, einen kleinen Snack oder Bier von einer speziellen Bierkarte zu genießen, wobei die Betreiberin großen Wert auf Qualität legt. Dieser Treffpunkt für Jung und Alt mit einem ganz besonderen Charme wird mit viel Herzblut betrieben und stößt auf gute Resonanz.

Auch hier lässt sich die Liebe zum Detail erkennen.

Süße Verführer

Brenten

Speziell zur Weihnachtszeit warten die Frankfurter Konditoren mit einer regionalen Spezialität auf: den Frankfurter Brenten. Nach Recherchen der Konditoreninnung fand diese Leckerei erstmals gegen Ende des 17. Jahrhunderts Erwähnung. Der Name leitet sich von dem englischen Verb „to print", also drucken, ab, was sich auf den Herstellungsprozess bezieht, denn der Teig wird in die Modeln gedrückt. Die Modeln bestehen vielfach aus Buchenholz und zeigen filigrane Motive aus der Natur- und Pflanzenwelt, früher gelegentlich auch Ritter, Fabelwesen und Herolde. Da die wichtigste Zutat Marzipan ist, versteht es sich von selbst, dass diese Spezialität anfangs als Kostbarkeit galt und nur hochrangigen Persönlichkeiten vorbehalten war. So bekam Kaiser Karl IV. in Siena 1368 Marzipanbrote gereicht, die sogar vergoldet waren. Der Begriff „Marzipan" geht auf die italienische Bezeichnung „marci pani" (Markusbrot) zurück, seinen Ursprung hat es in Arabien, von wo es seinen – langsamen – Siegeszug über Spanien und Italien ins nördliche Europa fortsetzte. In unseren Landen war es im 15. Jahrhundert das Privileg der Apotheker, Marzipan herzustellen. In einer Frankfurter Chronik (Kanonikus Bernhard Rohrbach) findet sich ein Hinweis auf eine Feier anlässlich einer Hochzeit im Jahr 1464, bei der in der Tanzpause ein „Collatz von Schleckwerk, Marcepan und Zuckersachen" gereicht wurde. Erst Anfang des 19. Jahrhunderts wurde der Herstellungsprozess von Marzipan industrialisiert, als in Lübeck eine Firma im großen Stil begann, Marzipan zu produzieren. Später wurde auch Königsberg in Ostpreußen für diese Leckerei bekannt, die viele Abnehmer fand.

Zu den Liebhabern der Brenten gehörte auch Goethe, er ließ sich die Nascherei sogar nach Weimar schicken, um fern der Heimat nicht darauf verzichten zu müssen. Seine Mutter kam diesem Wunsch sicher gern nach und suchte Konditoren wie Rumpf an der Katharinenpforte oder Lepper auf der Zeil auf. Das Paket ging dann zum Roten Haus auf der Zeil, vor dem die Postwagen standen, die für Weimar zuständig waren, in Fulda war Umspann, von wo es weiterging nach Weimar. So geschah es auch im Jahr 1803, allerdings verlief der Transport nicht wie geplant. Wie Mutter Goethe von ihrer Schwiegertochter erfahren musste, kam die Schachtel leer an – die Mitarbeiter der Spedition hatten sich offenbar am Konfekt gütlich getan. Mutter Goethe war erbost, wie einem ihrer Briefe zu entnehmen ist: "… dass aber die Schurken den Confeckt gefressen haben, hat mich geärgert. Erfahrung macht klug – auf ein andermal sollen die Gaudiebe es wohl bleiben lassen." Im nächsten Jahr wurde die Konfektschachtel in Wachstuch eingenäht, um die Langfinger abzuhalten. Nach dem Tod der Mutter versorgte der Buchhändler Jügel Goethe mit „Teebrod", wie Brenten auch genannt wurden, vom angesehenen Konditor Anton Bernoully. In Goethes Haushaltsbuch finden sich Einträge wie „Zahlung an Zuckerbäcker Anton Bernoully, Töngesgasse 25".

Schon Anfang des 16. Jahrhunderts hatte sich neben der Zunft der Lebküchner die der Zuckerbäcker etabliert, die mit ihren Erfahrungen Wegbereiter der Konditoren wurden. Sicherlich ein ganz bekannter seiner Zunft war Abraham van Hamel, dessen Ruf bis in das Elsass und nach Burgund reichte und für den eines der prächtigsten Häuser in der Frankfurter Altstadt errichtet wurde: die Goldene Waage, die im Zuge der Neubebauung 2018 wieder errichtet wurde.

Eduard Mörike hat den Brenten sogar ein Gedicht gewidmet, das sich mit deren Herstellung befasst:

Schon die Fassade dokumentiert den Wohlstand des Zuckerbäckers.

Frankfurter Brenten

Mandeln, erstlich rat' ich dir,
Nimm drei Pfund, besser vier
(im Verhältnis nach Belieben),
Diese werden nun gestoßen
und mit ordinärem Rosenwasser
feinstens abgerieben.

Je aufs Pfund Mandeln akkurat
Drei Vierling Zucker ohne Gnad'!
Denselben in den Mörsel bring',
Hierauf ihn durch ein Haarsieb
schwing.

Von den irdenen Gefäßen
Sollst du mir dann ein Ding erlesen,
Was man sonst eine Kachel nennt,
Doch sei sie neu zu diesem End'!
Drein füllen wir den ganzen Plunder
Und legen frische Kohlen unter.

Jetzt rühr' und rühr' ohn' Unterlaß,
Bis sich verdicken will die Mass',
Und rührst du eine Stunde voll!
Am eingetauchten Finger soll
das Kleinste nicht mehr hängen bleiben;
So lange müssen wir es treiben.

Nun aber bringe das Gebrodel
in eine Schüssel (der Poet,
weil ihm der Reim vor allem geht,
Will schlechterdings hier einen Model,
indes der Koch auf ersterer besteht.)

Darinne drück's zusammen gut!
Und so hat es über Nacht geruht,
Sollst du's durchkneten Stück für Stück,
Auswellen messerrückendick.
Je weniger Mehl du streuest ein,
Um desto besser wird es sein.

Alsdann in Formen sei's geprägt,
Wie man bei Weingebackenem pflegt;
Zuletzt – das wird der Sache frommen –
Den Bäcker scharf in Pflicht genommen,
Dass sie schön gelb vom Ofen kommen!

Brenten mit traditionellen Motiven.

Etwas einfacher ist es sicherlich nach diesem Rezept:

Brenten

Zutaten

500 g Marzipan-Rohmasse
150 g Puderzucker
abgeriebene Schale einer ungespritzten Zitrone
etwas Rosenwasser

Zubereitung

Die Marzipan-Rohmasse wird mit dem gesiebten Puderzucker verknetet und mit einigen Tropfen Rosenwasser und der Zitronenschale gewürzt. Die Masse auf einem mit Mehl bestäubten Brett etwa einen Zentimeter dick ausrollen. Nun die Modeln mit Mehl ausstäuben, auf die Masse drücken und wieder abheben. Die Brenten ausschneiden, über Nacht antrocknen lassen und dann im vorgeheizten Backofen bei 150 Grad auf mittlerer Schiene backen, bis sie hellbraun sind.

2015 hat die Höchster Porzellan-Manufaktur einen Porzellan-Model hergestellt, der gegenüber Holzmodeln keine Abnutzungserscheinungen zeigt und nicht anfällig für Keime ist. Dadurch, dass die Höchster Modeln aus Biskuitporzellan gefertigt sind, d. h., sie weisen keine Glasur auf, kann die Oberfläche die Masse gut aufnehmen und Feinheiten der Motive kommen exzellent zur Geltung. Für die Modeln hat man Frankfurter Motive gewählt: den Römer, den Frankfurter Adler, den Struwwelpeter, einen Bembel und eine Teekanne, ein Goethe-Porträt und einen Türkenmusikanten von Johann Peter Melchior, einem der bedeutendsten Modelleure der Höchster Manufaktur.

Höchster Model mit Frankfurt-Motiven.

Bethmännchen

Die Brenten waren Vorläufer einer weiteren Frankfurter Spezialität: der Bethmännchen, deren „Geburtsstunde“ im Jahr 1838 schlug, als sie zum Tee im Hause der Bankiersfamilie Bethmann gereicht wurden. Der Franzose Jean Jacques Gautenier, den es von Paris nach Friedrichsdorf und später nach Frankfurt verschlug, erfreute die Familie Bethmann und ihre Gäste mit seinen Kreationen, zu denen auch dieses Gebäck gehörte. Aus der Brentenmasse formte er kleine Kugeln, die er mit vier halbierten Mandeln versah, die die Söhne Moritz, Alexander, Karl und Heinrich symbolisieren sollten. Nach Heinrichs Tod im Jahr 1845 ließ man eine Mandelhälfte weg, somit waren es nur noch drei und das hat man bis heute beibehalten. Mit dem Gebäck soll nicht – wie oft vermutet wird – an betende Hände erinnert werden. Auf dem Landsitz der Familie am Friedberger Tor wurde diese Köstlichkeit 1863 beim Fürstentag gereicht und erfreute neben Fürsten und Bürgermeistern auch Kaiser Franz Joseph von Österreich. Bei Bethmännchen handelt es sich nicht um Weihnachtsgebäck, sie sind ganzjährig erhältlich.

Bethmännchen

Zutaten
etwa 100 g Mandeln
250 g Marzipan
1 Eiweiß
10 g Mehl
75 g Puderzucker
1 EL Zucker
2 EL Rosenwasser (in Apotheken erhältlich)

Zubereitung
Marzipan, ungeschlagenes Eiweiß, Mehl und Puderzucker mit der Hand verkneten und etwa kirschgroße Kugeln formen. Jeweils drei Mandelhälften aufrecht an die Kugeln setzen und andrücken. Etwa 35 Minuten bei 150 Grad backen.
Inzwischen Zucker und Rosenwasser eine Minute sprudelnd kochen. Die Bethmännchen sofort nach dem Backen damit bestreichen und abkühlen lassen.

Auch für Bethmännchen gibt es eine Vielzahl an Rezepten und Abwandlungen, z. B. mit Pistazienpaste, die für grüne Bethmännchen sorgt.

„Klassische" Bethmännchen.

Quetschemännchen

Um die Weihnachtszeit sind auf dem Frankfurter Weihnachtsmarkt die Quetschemännchen zu finden. Diese aus Dörrpflaumen und Nüssen zusammengesetzten Figuren sind eigentlich nicht zum Verzehr gedacht. Mit den Figuren hat es eine besondere Bewandtnis: Im alten Frankfurt war es Brauch, dass verliebte Männer ihrer Angebeteten eine solche Figur als Liebesbeweis nach Hause schickten. Behielt sie diese, durfte der Absender hoffen, sandte sie sie zurück, konnte er ihre Zuneigung nicht gewinnen. Heute gibt es im Zeichen der Emanzipation natürlich auch Quetschefrauen. Die Figuren gelten als Glücksbringer.

Quetschemännchen sind ein beliebtes Mitbringsel vom Frankfurter Weihnachtsmarkt.

Stutzweck

Stutzweck sind nicht ganzjährig erhältlich, sondern werden in vereinzelten Bäckereien nur zu Neujahr gebacken. Früher bekamen es die Kinder, wenn sie von Haus zu Haus zogen und ein Gedicht aufsagten, ein Brauch, der sich bis Ende der 1950er-Jahre gehalten hat. Ein Stutzweck ist ein sogenanntes Gebildegebäck, auch „Sinngebäck" genannt, bei dem es sich um eine figürliche Darstellung oder kunstvolles Flechtwerk handelt, das vielfach zu Kirchenfesten gebacken wurde. Der Ursprung ist schwierig auszumachen. Man nimmt an, dass diese Art von Gebäck im 19. Jahrhundert vermehrt hergestellt wurde, da durch die Fortschritte in der Brauerei-Technologie auch Backhefe an Bedeutung gewann. Gebildegebäck wird von Hand geformt, es kommen keine Modeln zum Einsatz. Bekannte Beispiele dieser Gebäckart sind Lebkuchenherzen, Osterlamm, Martinsgans, Stutenkerl, auch als „Weckmann" oder „Klausenmann" bekannt, der je nach Region an den Bischof von Myra oder den heiligen Martin erinnern soll. Der Künstler Hermann Josef Hack nutzte dieses Gebäck 2012 in Köln für spezielle Demonstrationen der „Brote Armee Fraktion", indem er Weckmänner mit sozialpolitischen Forderungen auftreten ließ. Auch Stollen und Brezel zählen zum Gebildegebäck, der Stollen steht für das in eine Windel gewickelte Jesuskind, die Brezel stellt die verschränkten Arme der Mönche beim Gebet dar.

Die beiden runden Enden stehen für das Ende und den Anfang des Jahres, die zu beiden Seiten erfolgten sechs Einschnitte symbolisieren die zwölf Monate. Nach dem Jahreswechsel ist dieses Gebäck als Eierweck erhältlich – dann allerdings ohne die Einschnitte und besonderen Enden.

Leider ist dieses Gebäck nicht mehr überall erhältlich.

Haddekuche

Zum traditionell hessischen Gebäck zählt auch der Haddekuche (für Leser, die des Hessischen nicht mächtig sind: der Hartekuchen), den nur noch einzelne Bäckereien herstellen und der früher zum Standard-Sortiment der Brezelbuben gehörte, die in Alt-Sachsenhausen mit ihrem großen Korb von Lokal zu Lokal zogen und Gebäck anboten. Es handelt sich dabei um eine Art Pfefferkuchen in Rautenform mit abgerundeten Ecken, weil diese beim Transport nicht so leicht abbrechen. Die Oberfläche ist rautenförmig eingeritzt, was an ein Äppelwoiglas erinnert. Eine spezielle Glasur gibt die charakteristische Farbe. Der Haddekuche trocknet schnell und hält sich lange. Man kann ihn in Glühwein oder Äppelwoi tunken oder auch als „Soßenlebkuchen" verarbeiten, um den Sauerbraten aufzupeppen. Neben Frankfurt und Südhessen ist er auch in Rheinland-Pfalz bekannt. Die Rodgau Monotones haben ihm 1982 mit ihrem Song „Die Hesse komme" zu überregionalem Ruhm verholfen: „… und sogar das Ruhrgebiet kaut Haddekuche statt Pommes."

Haddekuche

Zutaten

500 g Mehl
125 g Margarine (man darf auch Butter nehmen)
250 g Zucker
¾ Päckchen Backpulver (circa 10 g)
1 Ei
75 ml Milch
1 TL Kakao
1–2 TL Zimt
½ TL Lebkuchengewürz
1 Msp. gemahlene Nelken

Zubereitung

Alle Zutaten mischen und zu einem Knetteig verarbeiten. Den Teig ausrollen und Rauten ausschneiden. Diese mit einem Rautenmuster versehen und die Oberfläche mit Eiweiß bestreichen. Auf der mittleren Schiene bei 180 Grad circa 12–15 Minuten backen.

Konditormeister Jesco Mann von „Condit Couture“ am Fahrtor erfreut seine Kunden neben zahlreichen Kuchen und Torten auch mit dem Frankfurter Kranz.

Frankfurter Kranz

Wesentlich aufwändiger in der Herstellung und auch kalorienreicher ist der Frankfurter Kranz, eine ringförmige Buttercremetorte aus verschiedenen Böden, mit Krokant bestreut und Kirschen verziert. Die früheste Erwähnung findet sich im Jahr 1735, das älteste noch erhaltene Rezept geht auf das beginnende 20. Jahrhundert zurück. Im englischen Sprachraum kennt man diese Meisterleistung der Konditoren als „crown cake", die Franzosen nennen den Kuchen „couronne de Francfort"; erinnert werden soll an die Kaiserkrönungen in der Stadt. Die Kirschen stehen für die Rubine, der Krokant für die goldschimmernde Krone. Als Boden werden Biskuit-, Sand- oder Wienerböden verwendet, zwischen die Buttercreme oder auch Konfitüre gestrichen wird. Zum Schluss wird der Kuchen mit Krokant aus Mandeln, Haselnüssen oder Walnüssen bestreut.

Die leckeren Schichten des Frankfurter Kranzes.

Reichsinsignien (© HMF/Uwe Dettmar).

Die zu den Reichsinsignien gehörende Kaiserkrone war das Vorbild für den Frankfurter Kranz. Sie ist eine aufwändige Goldschmiedearbeit, die im 10. Jahrhundert geschaffen wurde und heute in der Wiener Schatzkammer verwahrt wird. Im Historischen Museum in Frankfurt befindet sich eine Nachbildung.

Deutsches Museum für Kochkunst und Tafelkultur

In einer Stadt, in der Gastlichkeit schon früh eine große Rolle spielte, lag es nahe, diesem Thema ein Museum zu widmen. Ende des 19. Jahrhunderts hatten sich nicht nur Gastwirte zu einem Verein zusammengeschlossen, auch Köche organisierten sich in dieser Form. Es gab einen Dachverband, den Internationalen Verband der Köche, der seinen Sitz in Frankfurt nahm und der zu diesem Thema publizierte. Auf beide Organisationen gingen zwei überaus erfolgreiche Kochkunstausstellungen zurück, aus denen schließlich das Kochkunstmuseum hervorging. Noch kurz vor der Eröffnung im Haus des Internationalen Verbandes der Köche in der

Eine Gedenktafel erinnert an dem Gebäude in der Windmühlstraße 1, das heute Büros beherbergt, an das Kochkunstmuseum.

Windmühlstraße 1 bot sich einem Journalisten der „Frankfurter Zeitung" neben dem Anblick von leeren Vitrinen ein heilloses Durcheinander. Der Initiator des Museums, der Unternehmer Matthäus Carl Banzer, besaß aber offenbar die Gabe, durch seine begeisterten Schilderungen das Museum vor dem geistigen Auge des Besuchers vollendet entstehen zu lassen. Am 19. Januar 1909 konnte das Museum dann feierlich eröffnet werden. Entstanden war eine Institution, die in ihrer Art als einzigartig galt. Zu den Exponaten gehörten nicht nur Küchenutensilien, sondern auch Menü- und Speisekarten sowie eine umfangreiche Sammlung an Literatur zum Thema Gastronomie. Die Nationalsozialisten wollten das Museum eigentlich nach Berlin abziehen, dieser Plan wurde jedoch nicht umgesetzt. Im Krieg lagerte man die Objekte auf das Gelände der Reichskochschule in der Gutleutstraße aus, wo sie im Bombenhagel für immer verloren gingen. Der literarischen Sammlung erging es nicht besser: Ein Teil wurde durch einen Brand in der Stadtbibliothek zerstört, der Rest ist bis heute unauffindbar.

1988 gründete sich in Frankfurt der Verein zur Förderung der Tafelkultur, der es sich zur Aufgabe gemacht hat, die Wiedereröffnung eines Museums zum Thema Kochkunst voranzutreiben. Sieben Jahre später entstand die Tafelkultur-Stiftung, die mit dem Verein im Museum für Angewandte Kunst Veranstaltungen zu kulinarischen Themen durchführte und sich ebenfalls für die Neueröffnung eines Museums einsetzte. Im November 2015 war es so weit: Das neue Deutsche Museum für Kochkunst und Tafelkultur konnte seine Räume an der Zeil 83 in Besitz nehmen. Wie es in Frankfurt Brauch ist, haben auch hier Stifter großzügige Unterstützung gewährt: Die Räumlichkeiten (etwa 300 Quadratmeter) wurden für zehn Jahre kostenlos zur Verfügung gestellt und die Ausstellungsvitrinen gestiftet.

Neben handgeschriebenen Kochbüchern sind Kochutensilien ausgestellt, u. a. ein Druckkochtopf aus dem 19. Jahrhundert; kostengünstig kochen und Zeit sparen waren schon damals Thema. Der Besucher kann sich auch in zahlreiche Speise- und Menükarten vertiefen, wobei er einen Eindruck erhält, was einst der Prominenz mundete: Das letzte Mahl, das Queen Elizabeth II. auf der königlichen Yacht „Britannia" mit ihren Gästen einnahm, bestand aus Lammkarree mit Zuckerschoten. Helmut Schmidt ließ sich an seinem 80. Geburtstag Rinderfilet (Tournedos) schmecken.

Deutsches Museum für Kochkunst und Tafelkultur,
Zeil 83 (Eingang Holzgraben 4), 60313 Frankfurt am Main.
Öffnungszeiten: Sonntag 14–18 Uhr.
Eintritt: 4,50 €, erm. 2,50 €, Kinder bis 6 Jahre frei.

Höchster Porzellan-Manufaktur

Da das Auge bekanntlich „mitisst", reicht es nicht aus, geschmackvolle Speisen zuzubereiten, sie sollten auch ansprechend präsentiert werden und dazu eignet sich nichts besser als erlesenes Tafelgeschirr.

Als durch britische und niederländische Überseehandelsgesellschaften so exotische Waren wie Tee, Kakao und Kaffee nach Europa gelangten, veränderten sich die Trinkgewohnheiten. Es galt als chic, diese Modegetränke zu sich zu nehmen, gern

Trembleuse der Höchster Porzellan-Manufaktur aus dem 18. Jahrhundert. Die Trembleuse, auf deutsch „Zittertasse" genannt, eignete sich hervorragend, um im Bett Kaffee zu trinken. Die Obertasse stand in einer Vertiefung der Untertasse, sodass sie nicht verrutschen konnte und die Gefahr, das Getränk ins Bett zu schütten, gebannt war (Historisches Museum Frankfurt, Reproduktion Horst Ziegenfusz).

noch vor dem Aufstehen im Bett. Für diese Getränke eignete sich Porzellan als Material hervorragend: Das Getränk kühlte nicht so schnell ab, das Material zersprang beim Eingießen nicht und sah zudem noch äußerst ästhetisch aus. Um nicht zu viel Geld für teure Importware aus Asien auszugeben, verstärkte man die Bemühungen, Porzellan hierzulande herzustellen.

Der Mainzer Kurfürst Johann Friedrich Karl von Ostein erteilte 1746 das Gründungsprivileg, in Höchst eine Porzellan-Manufaktur zu eröffnen, die damit nach Meißen die zweitälteste in Deutschland ist. Zu den zwei Frankfurter Kaufleuten Johann Christoph Göltz und Johann Felician Clarus gesellte sich Adam Friedrich Löwenfinck, ein aus Meißen geflohener Porzellanmaler, der behauptete, das „Arkanum" der Porzellanherstellung zu kennen. Tatsächlich kannte er das Geheimnis nicht, denn es entstanden zu seiner Zeit „nur" Fayencen (Tonscherben mit Zinnglasur), die jedoch keck als „Fayence-Porzellan" bezeichnet wurden. Erst als es mithilfe von zwei Fachleuten aus Wien gelungen war, einen Brennofen zu konstruieren, der die erforderliche Temperatur von rund 1.400 Grad Celsius erreichte, konnte das erste Porzellan gebrannt werden. Anfangs entstanden tatsächlich überwiegend Produkte für Getränke, also Kannen, Becher oder Tassen. Schon früh wurde auch figürliches Porzellan hergestellt, in dessen Zusammenhang ein Name Erwähnung finden muss:

Türkenmusikanten schmückten die Tafel bei einem Konzert.

Johann Peter Melchior, einer der bedeutendsten Modelleure in der Anfangszeit der Manufaktur. Melchior begründete den künstlerischen Ruf des Hauses mit und leitete den Wandel vom Rokoko zum Klassizismus ein. Zu seinen berühmtesten Werken zählen die Türkenmusikanten, kleine Jungen mit Schärpe und Turban, von denen jeder ein anderes Instrument spielt. Das Bemerkenswerte daran ist, dass Melchiors Kinderfiguren tatsächlich wie Kinder aussehen, also nicht einfach Erwachsene in verkleinertem Format darstellen. Diese Porzellanfiguren knüpfen an die sogenannten Konversationsstücke an. Das waren Figuren aus Marzipan oder Traganth (natürliches Polysaccharid mit gummiartiger Konsistenz), mit denen Konditoren die Desserttafel schmückten. Mit der Erfindung des Porzellans konnten diese Objekte

Monochrome Purpurmalerei erfordert großes fachliches Können, denn nur durch den Pinselduktus werden Tiefe und Plastizität des Motivs geschaffen, wie hier bei der Schokoladenkanne.

nun auch aus dem edlen Material gefertigt werden. Je nach Anlass waren es unterschiedliche Figuren: Nach einem Konzert boten sich Musikanten an, nach einer Jagd erfreuten Jagdszenerien das Auge. Es handelte sich niemals um Einzelstücke, sondern immer um ganze architektonische Kulissen. Standen Schäferinnen auf der Tafel, die elegant eine Flöte in der Hand hielten, galten sie als eindeutiges erotisches Signal: Nach dem Mahl ging es im Separee mit einem „Schäferstündchen“ weiter.

Die Höchster Manufaktur war eines der fortschrittlichen Unternehmen, produzierte sie doch nicht nur für höfische Klientel, sondern auch für das wohlhabende Bürgertum, das nicht mehr nur von Speisegeschirr aus Keramik oder Zinn essen wollte. Zu den Kunden der Manufaktur gehörte auch die Familie Goethe. Besucher des Goethe-Hauses können dort noch heute Schokoladentässchen mit Deckel, Eierbecher, Porzellanfiguren oder Kaffeegeschirr bewundern. Als man im Hause Goethe diese Luxusartikel erwarb, waren sie für die breite Masse unerschwinglich. Aus den Verkaufslisten geht hervor, dass ein Service für zwölf Personen je nach Ausstattung zwischen 60 und 300 Gulden kostete. Für 300 Gulden konnte man zu der Zeit ein ganzes Fachwerkhaus erwerben. Dieser Sachverhalt erklärt den Begriff des „weißen Goldes“, wie Porzellan auch genannt wurde, denn Porzellan war so kostbar wie Gold. Erst mit der weiteren Verbreitung von Porzellan-Manufakturen wurden die Produkte erschwinglicher.

50 Jahre nach der Eröffnung (1796) wurde die Manufaktur infolge der Französischen Revolutionskriege und der Besetzung von Mainz geschlossen, die Formen wurden u. a. an die Steingutfabrik Damm bei Aschaffenburg sowie an die Steingutfabrik Mehlem in Poppelsdorf bei Bonn verkauft. Es sollte bis 1947 dauern, ehe die Höchster Manufaktur auf Initiative des Höchster Historikers Rudolf Schäfer neu gegründet wurde. Nach wechselnden Standorten bezog die Manufaktur zum 250. Geburtstag neue Räumlichkeiten in der Palleskestraße. Das denkmalgeschützte Gebäude der ehemaligen Breuer-Werke aus dem Jahr 1906 ist bis heute Firmensitz der Manufaktur. Seit 2019 ist die Manufaktur in der neu erbauten Frankfurter Altstadt mit einem Concept Store vertreten.

Frankfurter Küche

Die Wiener Architektin Margarete Schütte-Lihotzky (1897–2000) machte sich in der Abteilung „Typisierung“ des Hochbauamtes in Frankfurt unter dem Baudezernenten Ernst May Gedanken über die Rationalisierung von Arbeitsabläufen, woraus 1926 die „Frankfurter Küche“ entstand, der Vorläufer unserer modernen Einbauküchen. Die Küche erfuhr im Laufe der Zeit immer wieder Veränderungen, was durch verschiedene Grundrisse bedingt war. In den 1930er-Jahren soll es etwa 30 Varianten gegeben haben. Dass in der Küche keine beweglichen Möbel vorhanden waren, sondern alles fest eingebaut war, stellte ein absolutes Novum dar. Deshalb gehörte zu jeder Küche auch eine Gebrauchsanweisung wie für ein elektrisches Gerät.

In einer Zeit, in der Wohnungsmangel herrschte und jeder Raum effizient genutzt werden musste, gehörte das bäuerliche Erbe der Wohnküche der Vergangenheit an. Bei Schütte-Lihotzky standen Überlegungen im Vordergrund, die Arbeit in der Küche zu rationalisieren; es sollten nur kurze Wege- und Griffstrecken erforderlich sein, um rasch ein Essen auf den Teller zu bringen. Ähnlich einer Küche im Speisewagen, wo die Platzverhältnisse begrenzt sind, schuf sie auf etwa 6,5 Quadratmetern eine reine Arbeitsküche, ein „Kochlaboratorium“, wie sie selber sagte: „Eine Küche ist eigentlich nichts anderes als ein Laboratorium, und es ließe sich auch viel besser darin arbeiten, wenn sie als solches betrachtet, auch so ähnlich eingerichtet wäre. Sie müsste aussehen etwa wie eine Apotheke, wo jedes Fläschchen und jede Kleinigkeit sein ganz besonderes Gefach oder seinen ganz bestimmten Platz hat, mit genauer Aufschrift, alles womöglich auf ein und dieselben Maße gebracht.“

Die Anordnung sowie die einzelnen standardisierten Elemente waren klug durchdacht. An der Wand gab es ein Bügelbrett, das sich bei Bedarf rasch herunterklappen ließ. Die Arbeitsplatte war niedrig angelegt, sodass man auch bequem im Sitzen arbeiten konnte. In der Arbeitsplatte war eine Aussparung, durch die sogleich Abfälle für Kompost in eine herausziehbare Schale entsorgt werden konnten. Die Spüle bestand aus zwei Becken: Rechts wurde gespült, links klar nachgespült oder Gemüse gewaschen, daneben gab es ein Abtropfgitter, das zugleich als Aufbewahrungsort diente. Mehl, Salz, Zucker und dergleichen waren in Aluminiumschütten zu finden, sodass alles schnell zur Hand war und nicht erst Gläser aufgeschraubt werden mussten. Die von dem Ingenieur Otto Haarer entwickelte Schütte vereinte

Die von Margarete Schütte-Lihotzky entworfene Frankfurter Küche.

die Funktionen von Schublade und Kanne, denn eine Art „Ausguss" ermöglichte die leichte Entnahme der darin befindlichen Produkte. Der Griff entsprach ergonomischen Gesichtspunkten, er hatte die Form eines umgedrehten Fragezeichens. Anfangs waren die Schütten im unteren Bereich der Schränke untergebracht, da dies aber in der Reichweite von Kindern lag, wurden sie bei späteren Varianten der Küche in den oberen Bereich verlegt. Die Hängeschränke waren mit Glasschiebetüren versehen, damit man sich nicht den Kopf stieß. Unterschränke standen auf einem zurückweichenden Betonsockel, sodass man nahe an die Arbeitsplatte herantreten und sich darunter kein Schmutz ansammeln konnte. Griffe in Keilform waren mittig an den Schubfächern angebracht, damit man sie mit einer Hand aufziehen konnte. Über den Schubladen befanden sich herausziehbare Schneide- und Abstellflächen. Die Aluminiumschütten kontrastierten mit der hölzernen Front in „Brilliantblau"; diese Farbe hielt, wie man annahm, Fliegen fern. Es gab aber auch Küchen in anderen Farben: Taubenblau, Graugrün, Rot, Gelb, Grau oder Weiß. Die Kacheln an der Wand waren gelb, den Fußboden bedeckten helle Platten, die Arbeitsflächen waren aus Buchenholz oder mit schwarzem Linoleum bezogen. Ein von außen belüfteter Schrank ersetzte den Kühlschrank und eine Kochkiste ermöglichte ohne weitere Energiezufuhr das Fertiggaren eines Gerichts. Auf die Kochkiste wurde in späteren Varianten der Küche verzichtet, da immer mehr Küchen über einen Elektroherd verfügten. Auch über die richtige Beleuchtung hatte Margarete Schütte-Lihotzky sich Gedanken gemacht: Die Lampe war an einer Schiene befestigt, sodass sie bei Bedarf bewegt werden konnte. Vieles von dem, was Schütte-Lihotzky in der Frankfurter Küche umgesetzt hat, ist bei modernen Einbauküchen selbstverständlich.

Anfang der 1930er-Jahre gab es etwa 15.000 Exemplare dieser Küche. Heute kann man eine Frankfurter Küche in Museen oder im ernst-may-haus in der Römerstadt besichtigen, das ein Dokumentations- und Veranstaltungsort für Architekturinteressierte ist.

ernst-may-haus, Im Burgfeld 136, 60439 Frankfurt am Main; Tel.: 069/15343883. Öffnungszeiten: Dienstag bis Donnerstag 11–16 Uhr, Samstag, Sonntag 12–17 Uhr. Eintritt: 4 €, Schüler, Studenten, Auszubildende 2 €; Führungen nach Programm oder nach Vereinbarung.

Literaturnachweis

Andreae, Patricia: *Frankfurter Kochkunst. Rezeptsammlung und kulinarischer Führer.* Societäts-Verlag. Frankfurt 2008.

Arnsberg, Paul: *Bilder aus dem jüdischen Leben im alten Frankfurt.* Verlag Waldemar Kramer. Frankfurt, 2. Auflage 1979.

Bresgen, Bert; Le Goff, Anton: *Die Grüne-Soße-Bibel. Das Buch zur Kultspeise.* Societäts-Verlag. Frankfurt 2014.

Brieke, Norbert: *Köstlichkeiten aus Frankfurts Küche und Keller.* Verlag Waldemar Kramer. Frankfurt 1991.

Davidis-Schulze: *Das neue Kochbuch für die deutsche Küche.* Hrsg. Ida Schulze. Verlag von Velhagen & Klasing. Bielefeld und Leipzig 1935.

Essen & Trinken. Kochen mit Kräutern und Gewürzen. Sonderausgabe Nauman & Göbel Verlagsgesellschaft. Köln.

Foede, Petra: *Wie Bismarck auf den Hering kam. Kulinarische Legenden.* Kein & Aber AG. Zürich 2009.

Gazetti, Maria (Hrsg.): *Frankfurt. Literarische Spaziergänge.* Fischer Taschenbuch Verlag. Frankfurt am Main 2006.

Gerteis, Walter: *Das unbekannte Frankfurt. Band 1.* Verlag Frankfurter Bücher. Frankfurt 1991.

Gradorf, Erich; Brunner, Peter: *Zu Tisch mit Goethe. Rezepte aus der Zeit der deutschen Klassiker.* AT Verlag. Aarau/Schweiz 1995.

Grein, Gerd J. (Hrsg.): *Weihnachten bei der Familie Goethe.* Verlag der Nation. Husum 2003.

Kalveram, Konstantin: *Frankfurter Würstchen.* Henrich Editionen. Frankfurt 2012.

Kickhefel, Fred: *Frankfurter Geschichte(n). Das Buch zur Serie der Frankfurter Rundschau.* Wartberg Verlag. Gudensberg-Gleichen 2006.

Klötzer, Wolfgang (Hrsg.): *Frankfurter Biographie Personengeschichtliches Lexikon. Erster Band A–L.* Verlag Waldemar Kramer. Frankfurt 1994.

Klötzer, Wolfgang; Ehrlich, Wilfried: *Sachsenhausen 1885 und heute.* Hrsg. Frankfurter Sparkasse von 1822 (Polytechnische Gesellschaft). Verlag Waldemar Kramer. Frankfurt 1985.

Klötzer, Wolfgang: *Zu Gast im alten Frankfurt.* Heinrich Hugendubel Verlag. München 1990.

Lücke, Elisabeth: *Frankfurt am Main. Rundgänge durch die Geschichte.* Sutton Verlag. Erfurt 2008.

Lücke, Elisabeth: *Frankfurt am Main. Neue Rundgänge durch die Geschichte.* Sutton Verlag. Erfurt 2012.

Lücke, Elisabeth: *Frankfurts dunkle Seite. Spektakuläre Kriminalfälle.* Sutton Verlag. Erfurt 2014.

Müller, H. P.: *Frankfurter Küch und Sprüch.* Frohes Frankfurt. Frankfurt 1987.

Müller, H. P.: *Sonniges Frankfurt.* Frohes Frankfurt. Frankfurt 1978.

Schönfeldt, Sybil Gräfin: *„Gestern aß ich bei Goethe" Bilder einer neuen Gastlichkeit.* Arche Verlag. Zürich – Hamburg 2002.

Schwarz, Walter: *Das Kochkunstmuseum in Frankfurt am Main.* Verlag Waldemar Kramer. Frankfurt 1989.

Schwuchow, Helga: *Üwer die Zeil gezockelt, an de Hauptwach gestanne, am Maa gehockt. Geschichten und Anekdoten aus dem Frankfurt der 50er-jahre.* Wartberg Verlag. Gudensberg-Gleichen 2006.

Setzepfandt, Wolf-Christian: *Architekturführer Frankfurt am Main.* Dietrich Reimer Verlag. 3. überarbeitete und erweiterte Auflage. Berlin 2002.

Setzepfandt, Christian, Berger, Frank: *101 Unorte in Frankfurt.* Societäts-Verlag. Frankfurt 2001.

Setzepfandt, Christian, Berger, Frank: *102 neue Unorte in Frankfurt.* Societäts-Verlag. Frankfurt 2012.

Setzepfandt, Christian, Berger, Frank: *103 Unorte in Frankfurt.* Societäts-Verlag. Frankfurt 2013.

Stadt Frankfurt am Main. Dezernat Planen, Bauen, Wohnen und Grundbesitz (Hrsg.): *ZwischenZeit. Momentaufnahmen der Frankfurter Großmarkthalle.* Walter Thiele GmbH & Co. Frankfurt am Main 2008.

Vereinigung der Apfelweinwirte Frankfurt am Main und Umgebung e. V. (Hrsg.): *Der Apfelwein ein Volksgetränk.*

WEISSBECKER, WALTER: *Äppelwein un Äppelcher. Verlag Waldemar Kramer.* Frankfurt am Main 1975.

WERKBUNDARCHIV - MUSEUM DER DINGE RENATE FLAGMEIER (HRSG.): *Die Frankfurter Küche. Eine museale Gebrauchsanweisung. Band 1 der Publikationsreihe „Schaukasten".* 2. Auflage 2013.

ZWEIG, STEFANIE: *Irgendwo in Deutschland.* Wilhelm Heyne Verlag GmbH & Co. KG. München 2000.

Des Weiteren wurden für die Recherche verschiedene Publikationen aus folgenden Zeitungen und Zeitschriften zurate gezogen:

Augsburger Allgemeine
Frankfurter Allgemeine Zeitung
Frankfurter Neue Presse
Frankfurter Rundschau
Handelsblatt
Höchster Kreisblatt
Journal Frankfurt
Merkurist
Prinz
Schweizer Volkszeitung
Spiegel
Stern
Süddeutsche Zeitung

Dank

Mein Dank geht an Familie und Freunde: Annette Büchner, Arne, Jan Hauke und Ingolf Lücke, Brigitta Nölle, Sabine Rau und Christian Setzepfandt – Ihr wisst schon wofür!

Ferner danke ich Frau Berrió, Frau Raptis, Frau Kunkel und Frau Stahl vom Historischen Museum für die Unterstützung bei der Beschaffung von Bildmaterial.

Konditormeister Jesco Mann danke ich für die Erlaubnis, seinen prachtvollen Frankfurter Kranz abzulichten, der nur zu empfehlen ist!

Frau Scarpello von Gref-Völsing war so freundlich, mir die Erlaubnis zu geben, aus dem Firmenarchiv zwei Fotos zu verwenden, auch hierfür herzlichen Dank!

Ferner bedanke ich mich bei Frau Tarlan und Frau Hahn vom „Teehaus Ronnefeldt“ für das Bildmaterial zur Firmengeschichte.

Herrn Werner Hardt vom Niederräder Heimatmuseum danke ich für seine Hilfsbereitschaft bei der Beschaffung von Fotos zur Firma Lacroix.

Den Schokodamen von „Bitter & Zart“ danke ich für das Foto ihres Salons.

Last but not least danke ich dem Team des Sutton Verlags für die angenehme und stets hilfreiche Zusammenarbeit.

Bildnachweis

Bitter & Zart: S. 51;
Gref-Völsing: S. 30, 32;
Historisches Museum Frankfurt: Einband vorn, S. 106, 109;
Teehaus Ronnefeldt: S. 33, 34;
Christian Setzepfandt: S. 9, 18, 23, 44, 45, 48, 49, 55, 87, 114;
Shutterstock/ER_09: Innentitel;
Shutterstock/Pavel Metluk: Vorsatz;
Shutterstock/S-F: Nachsatz;
Von Alexander Klink - Own work by uploader, taken using a Sony alpha 700, Minolta 50mm 2.8 Macro, CC BY 3.0, https://commons.wikimedia.org/w/index.php?curid=5436100: S. 97.

Alle weiteren Fotos stammen von der Autorin.

Impressum

Sutton Verlag GmbH
Arnstädter Straße 8
99096 Erfurt
www.suttonverlag.de

ISBN: 978-3-96303-123-6
Druck: Florjančič Tisk d.o.o. / Slowenien

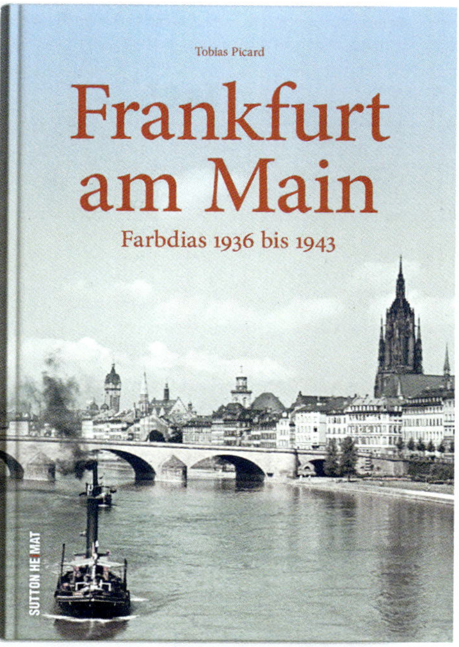

ISBN 978-3-95400-939-8 | 19,99 €

ISBN 978-3-96303-009-3 | 19,99 €